4월의 모든 역사

한국사

한국사

4月

4월의 모든 역사

● 이종하 지음

디오네

매일매일 일어난 사건이 역사가 된다

역사란 무엇일까. 우리는 왜 역사에 관심을 갖는 것일까.

이 책을 쓰는 내내 머릿속을 맴돌던 질문이다.

아널드 토인비는 역사를 도전과 응전의 개념으로 설명한 바 있다. 그 것은 인류사 전체를 아우르는 커다란 카테고리를 설명하기에는 더없이 좋은 개념이다. 그러나 미시적인 문제로 들어가면 이야기가 달라진다. 나일 강의 범람 때문에 이집트에서 태양력과 기하학, 건축술, 천문학이 발달하였다는 것은 도전과 응전으로 설명이 가능하지만, 예술사에서 보 이는 사조의 뒤섞임과 되돌림은 그런 논리만으로는 설명이 안 된다.

사실 역사란 무엇인가에 대한 관심은 대학 시절 야학 교사로 역사 과 목을 담당하면서 싹텄다. 교과서에 나와 있는 대로 강의를 하는 것은 죽 은 교육 같았다. 살아 있는 역사를 강의해야 한다는 생각에 늘 고민이 깊었다. 야학이 문을 닫은 후에 뿌리역사문화연구회를 만든 것도 그런 고민을 해결하지 못했기 때문이다.

약 10년간 뿌리역사문화연구회를 이끌면서 '어린이와 청소년을 위한 교실 밖 역사 여행' '어린이 역사 탐험대'를 만들어 현장에서 어린이와 청소년을 만났다. 책으로 배우는 역사와 유적지의 냄새를 맡으며 배우 는 역사는 느낌이 전혀 달랐다. 불이학교 등의 대안학교에서 한국사 강 의를 맡았을 때도 그런 느낌은 피부로 와 닿았다.

그렇다고 역사를 현장에서만 접해야 한다는 것은 아니다. 역사 자체는 어차피 관념 속에 있는 것이며, 그것이 우리에게 구체적으로 구현되는 것은 기록을 통해서이기 때문이다. 역사는 과거이며, 그 과거는 기록으로 존재한다. 그러나 현재에 펼쳐진 과거의 기록은 현재를 해석하는 도구이고, 결국 미래를 향한다.

이 책은 매일매일 일어난 사건이 역사가 된다는 사실에 기초하여, 1월 1일부터 12월 31일까지 일어난 중요한 사건들을 날짜별로 기록한 것이다. 사건의 중요도에 따라 집필 분량을 달리하였으며, 『1월의 모든 역사 – 한국사』『1월의 모든 역사 – 세계사』처럼 매월 한국사와 세계사로 구분하였다. 1월부터 12월까지 총 24권에 걸쳐 국내외에서 일어난 중요한 역사적 사실들을 흥미진진하게 담았다.

이 책에 나와 있는 날짜는 태양력을 기준으로 하였다. 음력으로 기록된 사건이나 고대의 기록은 모두 현재 사용하는 태양력을 기준으로 환산하여 기술하였다. 고대나 중세의 사건 가운데에는 날짜가 불명확한 것도 존재한다. 그것들은 학계의 정설과 다수설에 따라 기술했음을 밝힌다.

수년에 걸친 작업이었지만 막상 책으로 엮으니 어설픈 부분이 적지 않게 눈에 들어온다. 앞으로 그것들은 차차 보완을 거쳐 이 시리즈만으로도 인류 역사의 대부분을 일견할 수 있도록 만들고 싶다.

이 책을 쓰다 보니 매일매일을 성실하게 노력하며 살아야겠다는 생각이 든다. 매일매일의 사건이 결국 역사가 되기 때문이다.

이종하

차례

4월의
모든 역사

4월 1일

.
.
.

—

1895년 4월 1일

유길준의 『서유견문』이 간행되다

—

『서유견문西遊見聞』은 1881년 유길준이 일본에 갔을 때 구상을 시작하여 1885년 미국에서 돌아와 연금 생활을 하면서 집필한 것이다. 전 20편으로 이루어진 『서유견문』은 1895년 4월 1일 간행되었으며 크게 서론, 본론, 결론, 그리고 보론의 네 부분으로 구성되어 있다. 서론은 제1, 2편으로 세계의 지리를 기술하였으며, 본론은 제3편부터 제14편까지로 국제 관계, 교육, 화폐 등 각 분야의 근대적 개혁 내용을 담고 있다. 결론인 제14편의 뒷부분에서는 개화의 개념과 방법론을, 마지막 보론 제15편부터 제20편까지는 서양의 풍물을 소개하였다.

지금은 미디어 산업의 발달로 지구촌의 돌아가는 사정을 안방에 앉아 시시각각으로 확인할 수 있는 세상이 되었다. 눈부신 교통의 발달은 지구 반대편을 하루 만에 다녀오는 것도 어렵지 않게 만들었다. 이것은 인류의 역사에서 가히 혁명적인 변화라 할 수 있다.

과학의 발달이 걸음마에 불과하던 시절에 저 멀리 밖의 소식을 들으려면 누군가의 고단한 여행이 필수적이었다. 13세기 마르코 폴로의『동방견문록』은 그 대표적인 예라고 할 수 있다. 당시 서양인들은『동방견문록』을 통해 비로소 신비의 베일에 싸인 동양 문화를 접할 수 있었고 이것은 후일 지리상의 발견에 큰 영향을 미쳤다.

다른 세계에 대한 관심은 우리나라도 예외는 아니었다. 우리에게도 외국을 방문하여 그곳의 문물에 대해 보고 들은 것을 기록한 견문록이 적지 않다. 신라의 승려인 혜초가 고대 인도의 5천축국을 돌아보고 저술한『왕오천축국전』은 세계적으로 유명한 여행기이고, 연암 박지원의 중국 여행문집인『열하일기』도 주목할 만하다.

그러나 이들 여행기는 모두가 동양의 범위를 뛰어 넘지 못했다는 한계가 있었다. 이를 뛰어넘어 처음으로 우리나라에 서양의 문물과 제도를 소개한 책이 바로 유길준의『서유견문』이다.

유길준은 우리나라 최초의 일본 유학생이자 미국 유학생이다. 그는 1881년 조사 시찰단(신사 유람단)의 일원으로 발탁되어 일본으로 건너갔다. 다른 시찰단은 임무를 마치고 귀국하였지만 유길준은 동행했던 유정수와 함께 후쿠자와 유키치가 운영하던 경응의숙慶應義塾에 들어갔다.

경응의숙에서는 두 명의 미국인을 초빙하여 영어를 가르치고 있었는데 유길준은 이곳에서 자연스럽게 영어를 배우는 한편 서양의 역사와 문화, 법률 등에 관한 강의도 들을 수 있었다. 그러나 유길준의 도쿄 유학은 이듬해 고종이 조선의 개화 운동을 위해 그를 소환함으로써 중단되었고, 귀국한 후에는 통리기무아문統理機務衙門의 주사로 임명되었다.

또한 1883년 미국에 외교 사절단을 파견할 때 유길준은 민영익의 수행원으로 뽑혀 미국으로 건너가게 되었다. 사절단은 체스터 아서 대통령을 만나 국서를 전달한 후 미국 곳곳을 돌아다니며 많은 것들을 시찰하였다. 미국에서의 임무가 끝나자 사절단은 정사인 민영익과 부사인 홍영식의 두 팀으로 나뉘어 귀국길에 올랐다.

그러나 유길준은 민영익의 지시로 미국에 남아 다시 유학하였다. 하버드 대학을 목표로 열심히 공부하였지만 급변하는 정세는 그를 그냥두지 않았다. 1884년 갑신정변이 실패로 돌아가자 그에게 또다시 소환명령이 내려진 것이다. 당시 일본에 망명 중이던 김옥균은 그의 귀국을 극구 말렸지만 이미 유길준은 마음을 굳힌 상태였다.

귀국을 결심한 유길준은 뉴욕 항에서 런던으로 향하는 배에 몸을 실었다. 먼저 런던에 들러 한 바퀴 돌아본 다음 홍해를 통과하여 싱가포르, 홍콩을 거쳐 일본에 도착하였다. 사실상 지구를 한 바퀴 돈 셈이었다.

유길준은 제물포에 도착하자마자 체포되어 포도대장 한규설의 집에 연금당했다. 김옥균, 박영효 등 갑신정변의 주역들이 그와 한때는 동지였기 때문이다. 유길준은 이후 7년 동안 연금을 당했는데 바로 이 시기에 『서유견문』을 저술하였다. 이것은 정약용의 『목민심서』 같은 명작이 오랜 기간의 유배 생활에서 탄생한 것을 떠올리게 한다.

『서유견문』은 단순한 여행기가 아니라 근대 한국의 첫 번째 서양 소개서이다. 인문지리서이기도 하고 서양의 정치, 사회, 문화, 교육 제도 등을 소개한 일종의 개화 안내서라고도 할 수 있다. 유길준은 이 책에서 서양의 근대 문명을 본격적으로 소개하는 한편 상공업 및 무역의 진흥, 근대적인 화폐 및 조세 제도 수립 등 다양한 내용을 담았다.

『서유견문』의 핵심 내용은 제14편에 있다. 여기에서 유길준은 인간의 사회는 미개→반개화→개화의 3단계로 발전한다고 주장하였다. 역사상에 존재한 정부의 형태를 다섯 가지로 구분한 것도 흥미롭다.

유길준은 『서유견문』에서 조선의 개국 연호를 쓰고 있는데 이것은 한글 보급을 확대하려는 것이었다. 이런 그의 의지는 최초의 국어 문법 책인 『조선문전朝鮮文典』 『대한문전大韓文典』의 출판으로 계속되었다.

또한 이 책은 국한문을 섞어 쓰고 있는데 이것은 일반 국민에게 널리 그리고 쉽게 이해시키기 위함이었다. 이는 한국의 문자 생활에 큰 변화를 가져왔으며 당시의 신문이나 잡지가 국한문 혼용체를 사용하는 데 매우 중요한 역할을 하였다. 또한 갑오개혁의 사상적 배경이 되었으며 이후 국문학이나 신소설에도 영향을 끼쳤다.

그렇지만 이 책은 갑오경장 중에 일본에서 1,000부가 발행되는 데 그쳐 일반인들에게는 크게 유행하지 못하였다. 하지만 19세기 말 한국의 현주소와 유길준을 비롯한 온건 개화파들의 개혁 사상을 엿볼 수 있다는 점에서 그 의미는 자못 크다.

그러나 개화 정권이 실패하고 유길준이 일본으로 망명하면서 이 책은 금서가 되었다. 하지만 『서유견문』은 근대 계몽기에 가장 영향력을 발휘한 국민 교과서로 평가받고 있다.

1694년 4월 1일

숙종, 갑술환국 단행

1694년 4월 1일, 조선의 숙종은 정권을 잡고 있던 남인을 축출하고 영의정에 남구만, 좌의정에 박세채, 우의정에 윤지완 등 주로 서인을 등용하는 이른바 '갑술환국甲戌換局'을 단행하였다.

갑술환국의 발단은 서인인 김춘택, 한중혁 등의 폐비 민씨 복위 운동에서 비롯되었다. 원래 숙종의 부인은 인현왕후 민씨였다. 하지만 숙종이 희빈 장씨를 총애하면서 왕비로 책봉하였고, 민씨는 폐위 되었다. 하지만 숙종은 장씨가 점점 방자해지자 민씨를 폐위시킨 것을 후회하게 되었다.

그러던 차에 남인계인 우의정 민암과 이의징 등이 폐비 민씨 복위 음모 혐의로 관련자들을 체포하여 국문鞠問하고 숙종에게 아뢰었다. 숙종은 남인계 집권 세력의 이런 처사를 못마땅하게 여겨 민암과 이의징에게는 사약을 내리고 영의정 권대운, 좌의정 목내선, 중전 장씨의 동생 장희재를 유배시켰다.

이 사건으로 중전 장씨는 빈으로 강등되었으며 숙종 15년(1689) 기사환국 때 폐위된 민씨가 다시 중전에 복위되었다. 또한 사사賜死된 송시열과 민정중, 김익훈 등의 관직도 복구되었다. 기사환국으로 정치 일선에서 제거되고 남인이 정권을 독차지한 지 5년 만의 일이었다.

갑술환국의 타격으로 남인은 완전히 정권에서 밀려나 다시는 회생할 기회를 갖지 못하였다. 그 결과 서인이 실권을 장악하였고 이후 서인은 노론과 소론으로 나뉘어 빈번하게 쟁론을 벌였다.

1920년 4월 1일

「동아일보」 창간

조선 총독부는 3 · 1운동 이후 이른바 문화 통치를 표방하면서 1920년 1월 6일 「동아일보」「조선일보」「시사신보」 등 총 3개의 한국인 발행 민간 신문을 허가하였다.

그중 「동아일보」는 총독부 기관지인 「매일신보」의 편집 주임을 지낸 이상협이 김성수를 설득하여 1920년 4월 1일 창간하였다.

초대 사장에는 박영효를 추대하였고 주필은 김성수가 맡았다. 창간호 제1면에는 아래와 같은 사시社是 3조를 공포하였다.

1. 조선 민중의 표현 기관으로 자임하노라
2. 민주주의를 지지하노라
3. 문화주의를 제창하노라

「동아일보」는 창간 당시부터 일본에 대한 적대적인 글을 게재하여 네 차례의 무기 정간을 당하였다. 이후 총독부는 수많은 발매 및 반포 금지, 압수, 삭제 등 혹독한 탄압을 가했다. 1940년대에는 신문의 자진 폐간을 강요당하는 한편 신문사의 간부들을 연행하여 폐간계 제출을 요구받기도 하였다.

결국 강압에 못 이겨 「동아일보」는 1940년 8월 10일 제6,819호를 마지막으로 강제 폐간되는 비운을 맞았으나 광복 후인 1945년 12월 1일 중간重刊하였다.

그 후 「동아일보」는 그동안 조·석간으로 발행하던 신문을 1993년 4월 1일부터 조간신문으로 전환해 발행하고 있다.

* 1920년 3월 5일 '「조선일보」 창간' 참조

996년 4월 1일

우리나라 최초의 동전, 건원중보 주조

고려 성종 15년인 996년 4월 1일 우리나라 최초의 동전인 건원중보乾元重寶가 만들어졌다.

건원중보는 모양이 둥글고 가운데에 네모 구멍이 뚫린 철전이었다. 앞면에는 '건원중보'라고 화폐의 이름을 새기고 뒷면에는 '동국東國'이라는 글자를 새겼다. 이는 중국 당나라 숙종 때 발행된 같은 이름의 화폐 건원중보를 모방한 것으로 뒷면의 '동국'은 중국 엽전과 구별하기 위하여 새긴 것이었다.

건원중보는 주조 이듬해인 997년부터 통용되었다. 하지만 목종 5년(1002)에 들어 한언공이 풍속을 놀라게 하고 국가에 이익이 되지 않는다고 주장하여 다점茶店과 주점酒店 등에서만 통용되었다. 대신 일반 백성의 교역에는 포布와 미米를 사용하도록 하였다.

1953년 4월 1일

월간 종합 교양지, 『사상계』 창간

1953년 4월 1일 장준하가 월간 종합 교양지 『사상계思想界』를 창간하였다.

『사상계』는 정부 기관지 『사상』을 인수한 것으로 당대 최고의 지성들이 편집 위원으로 활약하였다. 주로 지식인들에게 인기가 많았으며 학계와 문화계에 수많은 문필가를 배출하였다. 출발 당시에는 정치색을 배제하였으나 제3공화국 출범 이후부터 민족주의 논조에 비중을 둔 정치 평론이 자주 등장하였다.

1967년 장준하의 정계 진출로 『사상계』의 경영권은 부완혁에게 넘어갔다. 이후 정치 비판적 논조의 글로 정권의 주목을 받던 중 1970년 5월 김지하의 「오적五賊」을 게재한 것을 빌미로 폐간 처분을 받았다. 이로써 『사상계』는 통권 205호를 끝으로 종간되었다.

1984년 부완혁이 사망한 후 그의 장녀 부정애가 판권을 상속하여 여러 차례 복간을 시도하여 1998년 6월호(통권 206호)가 발간되었다.

2004년 4월 1일

한국과 칠레 간 자유무역협정 공식 발효

2004년 4월 1일 한국과 칠레 간 자유무역협정FTA이 공식 발효되었다. 이 협정은 5년간의 준비 기간을 거쳐 이루어진 것으로 1998년 11월

아시아태평양경제협력체APEC 정상 회의에서 양국이 자유무역협정 추진에 합의함으로써 본격적으로 협상이 시작되었다. 2003년 2월 협정안에 정식으로 서명하였으며 이듬해 국회에서 비준 동의가 통과되어 4월 1일부터 발효된 것이다.

한국이 칠레와 자유무역협정을 체결한 목적은 크게 세 가지이다.

첫째는 지역 무역 주의의 확산에 대응하기 위한 것이고 둘째는 안정적인 수출 시장과 원재료 수입 시장의 확보를 위한 것이었다. 마지막 셋째는 해외 거점 지역을 확보하기 위함이었다.

이 협정은 한국의 사상 첫 자유무역협정이라는 점에 가장 큰 의의가 있다. 이로써 우리나라도 자유무역협정 대열에 합류하였으며 다른 국가와의 체결을 위한 기반도 마련하게 되었다.

4월의
모든 역사

4월 2일

:

1871년 4월 2일

독립운동가 양기탁이 태어나다

아! 원통한지고, 아! 분한지고.

우리 2,000만 동포여, 노예된 동포여! 살았는가, 죽었는가?

단군 기자 이래 4,000년 국민 정신이 하룻밤 사이에 홀연 망하고

말 것인가.

원통하고 원통하다. 동포여! 동포여

　　　　　　　　　　　　　　　　-장지연, '시일야 방성대곡'

독립운동가 양기탁은 1871년 4월 2일 평안남도 평양에서 태어났다. 그는 어린 시절부터 총명하여 문장이 뛰어났으며 한학을 공부하였다. 이후 15세 되던 해인 1885년 상경하여 관립산성외국어학교에서 영어를 공부하며 일찍이 서양 문물을 접하였다.

양기탁은 1895년 12월부터 1897년 3월까지 『한영자전韓英字典』을 편수하였으며 이후 독립협회에 가입하였다. 1900년 협회가 해산되자 미국인 선교사 게일의 도움으로 3년간 일본과 미국을 여행하며 견문을 넓혔다.

1902년에는 이상재, 이상설, 이동휘 등과 개혁당 조직 운동에 가담하였으며 1904년 러일 전쟁 발발 후 일제가 삼림 및 황무지 개척권을 요구하자 이에 반대하는 보안회 운동에 참여하였다.

1904년 3월에는 궁내부에서 영어 통역을 맡았고, 이를 통해 알게 된 영국인 베델과 함께 영자 신문인 「코리아 타임즈」를 발간하면서 언론에 관심을 갖게 되었다. 그해 7월 18일에는 베델과 제휴하여 국한문 혼용체의 일간 신문 「대한매일신보」를 창간하였다. 영국인 베델을 사장으로 내세웠고 양기탁은 총무를 맡았다. 실제로는 양기탁이 신문사를 운영하였지만 외국인 운영 기관으로 분류되어 신문지법에 의한 통감부의 검열을 피할 수 있었다.

양기탁은 이 점을 적극 활용하여 항일 의식을 고취하는 내용을 신문에 실었다. 1905년 11월에 을사조약이 체결되자 장지연이 「황성신문」에 쓴 '시일야 방성대곡是日也放聲大哭'이라는 논설을 즉각 게재하였다. 또한 이를 영문으로 번역하여 「코리아 데일리 뉴스」에 실어 전 세계에 알렸다.

1907년에는 안창호 등과 신민회를 조직하여 신흥무관학교를 세우는 등 신민회의 중심인물로 활동하였다. 또한 그해 1월 대구에서 국채 보상 운동이 일어나자 이를 적극 지지하고 전국적인 운동으로 확대하기 위하여 대한매일신보사 안에 국채 보상 지원금 총합소를 개설하여 총무를 맡았다.

국채 보상 운동이 양기탁을 통해 전국적으로 확대되자 일제는 이를 탄압하기 위해 국채 보상 연금 횡령이라는 누명을 씌워 그를 구속하였다. 그러나 베델이 법정에 서서 공소 사실이 허위 조작된 것임을 증언함으로써 무죄로 석방되었다.

그러나 1911년 1월 일제가 신민회 조직을 와해시키기 위해 600명의 신민회 조직원 105명에게 실형을 선고한 일명 '105인 사건'으로 체포되어 4년간 복역하였다.

그리고 1921년 미국 위원단이 내한했을 당시 독립 청원서를 제출한 사건으로 다시 투옥되었으나 어머니 상을 당하여 가출옥한 기회를 틈타 만주로 망명하였다. 만주에서 편강렬과 무장 독립운동 단체인 의성단을 조직하여 국내 친일파 암살 및 관공서 시설 파괴 등을 지휘하였다.

1925년 1월에는 정의부를 조직하고 의용군을 국내에 파견하여 일제를 공격하였으며, 정의부의 무장 투쟁을 지원하기 위해 1926년 4월 고려혁명당을 조직하고 위원장이 되었다.

1933년 10월에는 임시정부의 국무 위원에 취임하여 2년간 임시정부의 대표를 지냈다. 이후 김규식, 최동오, 유동열 등과 조선민족혁명당에 가담하였으나 노선 문제로 갈등을 빚게 되자 모든 것을 버리고 중국 장쑤 성 담양현에서 칩거하였다. 이후 양기탁은 1938년 4월 19일 68세를 일기로 병사하였다.

1962년 건국훈장 대통령장이 추서되었으며 1993년에 김영삼 정부에 의해 유해가 봉환되어 서울 동작구 국립묘지로 이장하였다.

2003년 4월 2일

이라크 파병안 국회 통과

2003년 3월, 미국과 영국 연합군은 대량살상무기 제조를 이유로 들어 이라크를 공격하였다. 그러면서 미국은 우리나라 정부에 연합군의 일원으로 이라크에 국군을 파병해 달라고 요구하였다. 이에 우리나라 국회는 2003년 4월 2일 본회의를 열어 재적위원 270명 중 256명이 참여한 가운데 찬성 179표, 반대 68표, 기권 9표로 '국군 부대의 이라크 전쟁 파병 동의안'을 통과시켰다.

이 동의안은 2003년 말까지 1개 대대 600명 이내의 건설 공병 지원단과 100명 이내의 의료 지원단의 파병, 이라크 전후 복구 지원, 미국 및 동맹국군의 기지 운영과 진료 지원, 인도적 구호 활동을 포함하고 있었다.

당시 이라크 파병에 대한 반대 여론이 높았으나 국회에서 파병 동의안이 통과됨에 따라 우리나라 정부는 이라크 파병을 결정하였다. 이에 따라 2003년 5월 이라크 전후 복구와 의료 지원 임무를 주 임무로 하는 서희부대 573명, 제마부대 100명이 파병되었다.

그러나 그해 6월 22일 이라크에서 근무하던 김선일 씨가 파병 철회를 요구하는 무장 단체에 의해 살해되자 이후 파병을 둘러싼 찬반 논란이 더욱 거세게 일었다.

* 2004년 6월 22일 '가나무역 김선일 씨 이라크 무장 단체에 피살되다' 참조

1979년 4월 2일

한국방송공사, 제1FM 음악 방송 시작

1979년 4월 2일, 한국방송공사KBS에서 운영하는 제1FM 음악 방송이 시작되었다.

KBS 제1FM은 음악 전문 스테레오 방송으로 주파수는 93.1Mhz이다. 스테레오 방송은 하나의 프로그램을 좌우 두개의 신호로 나누어 동시에 방송하기 때문에 앞서 실시되었던 진폭 변조 방송인 AM 방식에 비해 잡음과 혼신混信이 적어 음악 방송에 더욱 적합하다.

KBS 제1FM의 음악 방송은 개편 때마다 진행자가 바뀌기는 하지만 프로그램과 내용은 거의 변하지 않는다는 점에서 다른 방송과 가장 큰 차별성을 보인다. 「출발 FM과 함께」 「FM 가정음악」 「노래의 날개 위에」 「FM 실황음악」 등은 모두 20여 년 이상 같은 시간에 방송된 프로그램이다.

1962년 4월 2일

농촌진흥청 발족

1962년 4월 2일, 농사원 · 농림부지역사회국 · 농림부훈련원 등의 세 기관이 통합한 농촌진흥청이 발족되었다.

농촌진흥청은 농업 기술의 보급을 통해 농촌의 균형 발전을 촉진하고 체계적인 교육으로 차세대 전문 농업인을 육성하는 것 등을 그 목표로 하였는데 이 기관은 1906년 6월 경기도 수원에 설립한 권업모범장이 그 시초이다.

소속 기관으로는 국립농업과학원, 국립식량과학원, 국립원예특작과학원, 국립축산과학원, 한국농업전문학교 등이 있다.

—

1930년 4월 2일

우리나라 최초의 비행사 안창남 사망

—

안창남은 우리나라 최초의 비행사이다.

그는 1901년 서울에서 태어나 휘문고등보통학교를 중퇴하고 1919년 일본으로 건너갔다. 그 후 도쿄에 있는 오쿠리 비행 학교에 입학하여 1921년 5월 3등 비행사 면허에 합격함으로써 우리나라 최초의 비행사가 되었다.

그는 1922년 11월 일본 비행 협회에서 개최한 비행 대회에서 1등을 하여 한국인의 우수성을 과시하기도 하였다. 1924년에는 중국으로 망명하여 조선청년동맹에 가입하였으며 이 무렵 한국인 비행 사관 학교 설립을 추진하였다.

그러나 1930년 4월 2일 중국 산시 성에서 비행 훈련 교육 중 추락하여 사망하였다.

4월의
모든 역사

4월 3일

....

—

1948년 4월 3일

제주도에서 4 · 3 사건이 발생하다

—

그들은 욕설과 모욕적인 말을 내뱉으면서 무자비한 집단 고문을
가한 후 그중 80여 명의 주민을 유격대 혹은 그 협력자로 선별해
내어 군용 트럭에 태워 제주 비행장으로 끌고 가 일제 사격을 가하
여 죽였다.
또 김두봉의 부인을 비롯한 17명은 산지 시장에서 공개 총살된 후
바다에 버려졌고, 김기우를 비롯한 수 명은 몸에 돌 추를 달아 바다
에 빠뜨렸다고 한다.

-박세길, 『다시 쓰는 한국 현대사』

제주도는 경관과 시설이 뛰어나 한국에서 가장 각광받는 관광지이자 신혼여행의 대명사처럼 여겨지는 곳이다. 어느 곳을 둘러봐도 탄성을 자아내게 하는 아름다움이 섬 전체에 가득하다. 그러나 그 화려함 뒤에는 상상하기 힘든 그늘이 드리워져 있다. 바로 수만 명의 목숨을 앗아간 우리 현대사의 비극 '4 · 3 사건'이다.

1945년 일본이 연합군에게 항복을 선언하면서 마침내 한민족은 기나긴 식민지의 늪에서 빠져나왔다. 그러나 미국이 군정을 실시하면서 친일 부역자들을 그대로 활용하였고 거기에다 기대했던 토지 개혁도 이루어지지 않았다. 이에 국민들은 크게 실망하였다.

이제는 세상이 확 바뀔 것이라 기대했던 국민들에게 미군정은 일제와 하등 다를 게 없었다. 국민들이 생존을 위한 투쟁을 곳곳에서 벌인 것은 결코 이상한 일이 아니었다.

1947년에는 미소공동위원회가 결렬되고 한반도 문제가 유엔으로 넘어갔다. 그러나 유엔은 남한만의 단독 선거를 결정해 버렸다. 이에 국민들의 투쟁의 성격이 바뀌기 시작하였다. 남북의 분단을 절대로 그냥 두고 볼 수 없었기 때문이다. 국민들의 반대는 더욱 거세졌고 제주도라고 예외는 아니었다.

1948년 4월 3일 새벽 2시, 느닷없이 한 발의 총성이 울리며 제주도의 깊은 고요를 흔들었다. 동시에 한라산의 크고 작은 봉우리마다 일제히 봉화가 피어올랐다. 제주 민중의 대대적인 봉기를 알리는 신호탄이었다. 산중에 모여 있던 1,500명의 무장 · 비무장 대원들은 이를 확인한 즉시 제주도 내 24개 경찰 지서 가운데 12개 지서를 공격하였다.

이들은 '미제는 즉시 철수하라' '망국적인 단독 선거를 절대로 반대한다' '조선 통일 독립 만세' 등을 구호로 사용하였다. 이어 한라산을 무대로 삼고 본격적인 유격전에 들어갔다. 미군정은 곧바로 제주도 지방 경비 사령부를 설치하고 대대적인 진압 작전을 펼쳤다. 이때 경비 사령부 총책임자인 브라운 대령은 "나는 봉기의 원인에는 관심이 없다. 오직 진압만 있을 뿐이다."라며 그 섬멸 의지를 드러냈다.

이렇듯 무자비한 토벌 작전은 오히려 제주의 민심을 건드려 많은 주민들을 유격대에 합류시키는 부작용을 낳았다. 심지어 경찰 가운데에서도 유격대에 동조하는 세력이 생겨날 정도였다. 4월 28일에는 국방경비대 제9연대장 김익렬과 유격대 사령관 김달삼 사이에 평화 회담이 열려 사태가 해결되는 듯 보였다. 그러나 미군정청 경무부장 조병옥의 지시로 유격대에 기습 공격이 가해져 협상은 수포로 돌아갔다.

마침내 5월 10일 남한만의 단독 정부 구성을 위한 총선거가 실시되자 유격대는 제주 전역의 투표소와 선거 사무소를 습격하였다. 남제주군에서만 간신히 선거가 치러졌고 나머지 지역은 투표율 미달로 무효가 되었다. 이후 이들에 대한 진압은 더욱 강경해졌다.

이때부터 정부는 유격대와 일반 주민 가릴 것 없이 무차별적인 공격을 가하였다. 10월부터는 제주도에 비상 계엄령이 선포되면서 초토화 작전이 시작되었다.

당시 사망자만 1만 4,000여 명에 이르러 제주도는 피로 붉게 물들었다. 제주 전역의 행정 기능은 마비되었고 치안은 불안한 상태가 계속되었다. 이 사건은 6·25 전쟁이 끝날 때까지 계속되었으며 발발 7년 7개월 만인 1954년 9월 21일 비로소 끝이 났다.

그러나 이 과정에서 무고한 제주도민들이 수없이 희생되었고 사건의 진실이 왜곡되었다. 이후 1999년 12월 국회에서 '제주 4·3 사건 진상 규명 및 희생자 명예 회복을 위한 특별법'이 통과되면서 진상 조사가 시작되었다. 이로써 사건의 진상이 많이 규명되었고, 마침내 2003년 10월 31일 노무현 대통령이 국가 권력에 의해 대규모 희생이 발생하였음을 인정하고 이 사건에 대해 공식적으로 사과하였다. 사건 발생 55년 만의 일이었다.

—

1974년 4월 3일

박정희 대통령, 긴급 조치 제4호 발동

—

1974년 4월 3일 박정희 대통령은 긴급 조치 제4호를 발동하였다.

긴급 조치는 역대 대통령의 권한 중에서 가장 강력한 권한으로써 대한민국 유신 헌법에 규정되어 있었다. 이날 발동된 긴급 조치 제4호의 내용은 다음과 같다.

1. 민청학련 사건과 관련한 제 단체의 조직에 가입하거나, 그 활동을 찬동, 그 구성원에게 장소, 물건, 금품 등 그 외의 편의를 제공하거나 그 활동에 관한 문서, 도서 그 외의 표현물을 출판, 소지, 배포, 전시, 판매하는 것을 일제히 금한다.

2. 이 조치를 위반한 자, 이 조치를 비방한 자는 영장 없이 체포되어 비상 군법 회의에서 사형, 무기 또는 5년 이상의 징역형에 처한다.

3. 학생의 출석 거부, 수업 또는 시험의 거부, 학교 내외의 집회, 시위, 성토 등 그 외의 모든 개별적 행위를 금지하고 이 조치를 위반한 학생은 퇴학, 정학 처분을 받고 해당 학교는 폐교 처분을 받는다.

4. 군의 지구사령관은 서울특별시장, 부산시장 또는 도지사에게 학생 탄압

을 위한 병력 출동 요청을 받을 때에는 이에 응하고 지원해야 한다.

박정희 대통령은 1973년 8월 8일 김대중 납치 사건에 자극되어 반유신 체제 운동이 본격적으로 일어나자, 대학생·지식인·종교인 등의 활동을 저지하기 위해 긴급 조치 제4호를 발동한 것이었다. 이어 중앙정보부는 긴급 조치 제4호에 기초하여, 정부를 전복하고 공산 정권 수립을 기도하였다는 혐의로 1,024명을 조사하였다. 또한 비상 군법 회의 검찰부는 180명을 구속 기소하였으며 이철, 김지하 등 9명에게 사형을 선고하였다.

그리고 1974년 4월 민청학련 사건의 주동자 급에게는 무기 징역을, 나머지 피고인들에게는 최고 징역 20년까지 선고하였다.

박정희 대통령은 모두 9차례의 긴급 조치를 발동하였는데 이 조치는 1979년 10월 박 대통령이 사망한 후인 이듬해 10월 27일 폐지되었다.

* 1973년 8월 8일 '김대중 납치 사건이 일어나다' 참조
* 1979년 10월 26일 '박정희 대통령, 중앙정보부장 김재규에게 피살되다' 참조

1998년 4월 3일

조영식 경희학원 원장, 국내 최초 '간디 비폭력평화상' 수상

조영식 경희학원 원장은 1921년 평안북도 운산군에서 태어났다.

그는 1950년 서울대학교 법과대학을 졸업하고 이듬해 신흥초급대학

을 인수하여 종합대학인 경희대학교를 설립하면서 교육인의 길로 들어
섰다.

조영식 원장은 1975년 미국 보스턴에서 열린 제4차 세계대학총장회
의 총회에서 '밝은 사회 운동'을 제창하였으며, 1990년대에는 '네오르
네상스운동'을 전개하며 세계 평화를 위한 사회 활동을 지속적으로 추
진해 왔다.

1998년 4월 3일에는 이 공로를 인정받아 국내 최초로 '간디 비폭력
평화상'을 수상하였다. 이 상은 인도 국회 의원 평화 센터가 수여하는
상으로 지미 카터 전 미국 대통령, 넬슨 만델라 전 남아프리카 공화국
대통령, 아웅산 수지 여사 등이 수상하였으며 한국인으로는 조영식 원
장이 최초이다.

2012년 2월 18일, 경희의료원에서 91세를 일기로 사망하였다.

저서에는『교육을 통한 세계 평화의 구현』『새 한국 국민상의 모색』
『인류 사회의 재건』『오토피아』『21세기 인류 사회의 과제와 선택』『인
류 사회는 왜, 어떻게 재건되어야 하는가』『조국이여, 겨레여, 인류여』
등이 있다.

——

1954년 4월 3일

한국산업은행 발족

——

1954년 4월 3일 한국산업은행법을 기초로 한 한국산업은행이 발족
하였다.

한국산업은행은 조선식산은행을 승계하여 설립한 것으로, 산업 자금

의 공급과 관리를 위해 설립된 정부 출자 은행이다. 설립 이후 정부의 경제 개발 정책에 따라 사회 간접 자본이나 중화학 공업 개발에 필요한 자금 대출을 주목적으로 하는 국책 은행의 업무를 수행하였다.

2008년에 정부의 민영화 추진 정책으로 한국산업은행법이 개정되어 이듬해 산은금융지주주식회사와 한국정책금융공사로 분할되었다.

2001년 4월 3일

한국문학번역원 공식 출범

2001년 4월 3일 재단 법인 한국문학번역원이 공식 출범하였다.

한국문학번역원은 1996년 한국문학번역금고로 출발하였으나 이날 명칭을 변경하고 새롭게 조직이 확대된 것이다.

이 기관은 도서의 번역 및 해외 출간, 국제 교류, 유통 등과 관련된 업무를 수행한 공공 기관으로 한국 문학 및 도서의 국제 경쟁력 강화를 목적으로 설립되었다.

매년 국제 포럼을 진행하고 있으며 출범 이후 28개 언어권, 486건의 작품을 해외에서 출간하였다.

2005년 문화예술진흥법에 의거하여 재단 법인에서 특수 법인이 되었으며 이듬해 3월에는 사옥을 서울 강남구 삼성동으로 이전하였다.

4월의
모든 역사

4월 4일

.
.
.

1392년 4월 4일

정몽주가 선죽교에서 피살당하다

선죽교善竹橋는 북한 국보 문화 유물 제159호로, 길이 8.35m, 너비 3.36m의 화강석으로 축조된 널다리이다. 개성시 선죽동에 소재하고 있다.

이곳은 고려 말의 충신 정몽주가 이성계를 문병 갔다가 돌아올 때 이방원 일파에게 피살된 장소이다.

원래 선지교善地橋로 불렸는데 정몽주가 피살되던 날 밤 다리 옆에서 대나무가 솟아나왔다고 하여 선죽교로 고쳐 불렀다. 선죽교 서쪽에는 그를 제향하기 위해 세운 숭양 서원(북한 국보 제128호)과 표충비가 있다.

공양왕 4년(1392) 3월 어느 날이었다. 이성계는 세자 석奭이 명나라에서 귀국한다는 소식을 듣고 황주로 마중을 나갔다. 세자와 만나기 전까지 아직 하루의 여유가 있어 이성계는 해주로 나가 모처럼 사냥을 즐기기로 하였다. 전쟁터에서 잔뼈가 굵었던 무장이라 아무래도 몸이 근질근질했던 모양이다. 이리저리 말을 달리며 활을 쏠 때마다 꿩과 노루들이 하나 둘씩 쓰러졌다. 역시 녹슬지 않은 명궁의 솜씨였다.

그러나 말발굽이 떨어진 나뭇가지에 걸리자 천하의 이성계도 도리 없이 바위 아래로 떨어지고 말았다. 원숭이도 나무에서 떨어진다는 속담 그대로였다. 얼굴과 팔뚝에서는 피가 흘렀고 허리가 다쳤는지 몸은 꼼짝할 수 없었다. 동행했던 부하들이 급히 달려들어 지혈시키고 황주로 옮겨갔다.

이 사건은 당시의 정국으로 보면 중대한 사고였다. 1388년 위화도 회군 이후 이성계는 권력을 잡는 데 성공하였지만 다시 온건파와 급진파로 갈라져 치열하게 다투고 있었다.

즉 정몽주와 이성계가 각자 한 축을 맡아 진행된 싸움이었다. 원래 두 사람은 권문세족에 대항하여 고려 말의 사회를 개혁하고자 하는 공통된 목적이 있었다. 잘 나가던 둘의 사이가 틀어진 것은 바로 개혁의 방법 때문이었다.

정몽주가 고려라는 몸통은 유지한 채 그 병든 부분을 치료하자는 쪽이라면 이성계는 아예 고려를 없애고 새로운 몸통을 만들자는 쪽이었다. 정몽주는 이성계가 말에서 떨어져 중상을 입었다는 소식을 듣고 속으로 쾌재를 불렀다. 이성계 일파를 제거할 절호의 기회가 찾아왔다고 생각한 것이었다.

공양왕의 두터운 신임을 받았던 정몽주는 이성계가 없는 틈을 타 왕조 교체 주장의 핵심 세력인 정도전, 조준 등을 탄핵하여 유배시켰다.
먼저 수족을 잘라 놓고 마지막에 이성계를 도모하자는 작전이었다.

발등에 불이 떨어진 이방원은 쏜살같이 벽란도로 달려가 아버지 이
성계를 만났다. 그 자리에서 상황의 위급함을 알리고 그날 밤 개경으로
돌아왔다. 이 사실을 알게 된 정몽주는 난감할 수밖에 없었다.

자칫 일이 꼬이지 않을까 걱정하던 정몽주는 동태를 살피고자 병문
안을 구실로 이성계를 찾아갔다. 그 속셈을 모를 리 없었지만 이성계는
아주 태연하게 정몽주를 맞이하였다. 병문안을 마치고 이방원은 슬며
시 정몽주의 소매를 끌어 둘만의 자리를 따로 마련하였다.

사실 정몽주가 미웠지만 어떻게 해서라도 그의 마음을 돌려 자신들
의 진영에 가담시키고 싶었던 것이었다. 고려 사회에서 정몽주가 지니
는 무게가 너무나 컸기 때문이다. 잠시 학문 이야기를 나누다가 이내
화제는 정치로 옮겨갔다. 이방원은 정몽주의 마음을 떠보고자 시조 한
수를 읊었다.

"이런들 어떠하리 저런들 어떠하리 만수산 드렁칡이 얽혀진들 어떠하리
　우리도 이 같이 얽혀 백 년까지 누리리라."

　　　　　　　　　　　　　　　　　　　　　　　　　-이방원, 「하여가」

이것이 바로 '하여가'이다. 다 썩어 빠진 고려 왕실을 고집하지 말고
새로이 나라를 세워 사이좋게 어울려 살자고 회유하는 내용이었다. 정
몽주는 피식 웃으며 좋은 시라고 칭찬하더니 즉시 답가를 들려주었다.

"이 몸이 죽고 죽어 일백 번 고쳐 죽어 백골이 진토되어 넋이라도 있고 없고

임 향한 일편단심이야 가실 줄이 있으랴."

-정몽주, 「단심가」

이것이 오늘날까지도 사람들의 심금을 울리는 '단심가'이다. 고려 왕실에 대한 절개는 목에 칼이 들어와도 변하지 않는다는 강인한 의지를 담고 있다.

결국 이방원은 정몽주의 마음을 도저히 돌릴 수 없음을 깨닫고는 그를 죽이기로 결심하였다. 그는 심복인 조영규 등을 시켜 선지교 밑에 숨어 있다가 정몽주가 지나가면 살해하라고 명하였다.

정몽주는 다리를 건너려는 순간 머리에 철퇴를 맞고 현장에서 즉사하였다. 이런 사태를 예상했던지 그는 집을 나설 때 이미 유언을 남겼다고 한다.

마침내 마지막 장애물을 제거한 이성계는 1392년 7월 공양왕을 폐하고 조선을 건국하여 태조로 즉위하였다.

—

1899년 4월 4일

고종 황제, 중학교 관제 공포

—

1899년 4월 4일 고종 황제가 칙령 제11호로 중학교 관제를 공포함으로써 비로소 우리나라 중등 교육의 근대화가 시작되었다.

중학교 관제에는 교육의 목적, 수업 연한 등의 내용과 직원에 대한 내용이 포함되어 있었다. 당시 실업 교육 강조의 정책이 반영되어 중학교에는 심상과(4년)와 고등과(3년)를 설치하여 총 7년의 수업 연한을 규정하였다.

그러나 이 시기는 아직 소학교 체제가 완비되지 않았기 때문에 실질적인 의미의 중등 교육을 담당하지는 못하였다.

한편 1908년에는 고등여학교령이 처음으로 공포되어 여성 교육에 관한 제도적 기반이 마련되었다. 이에 일제는 1911년 조선 교육령을 공포하여 이전의 고등학교와 고등여학교를 각각 4년제 고등보통학교 및 3년제 여자고등보통학교로 개편하였다.

그 후 1922년에는 조선 교육령을 개정하여 고등보통학교의 수업 연한을 5년, 여자고등보통학교는 4년으로 연장하고 실업 학교는 수업 연한을 3~5년으로 연장하는 등 그 유형을 다양화하였다 .

* 1922년 2월 6일 '조선 교육령 개정' 참조

2005년 4월 4일

강원도 양양, 대형 산불 발생

2005년 4월 4일 밤 11시 50분께 강원도 양양군 양양에서 원인 미상의 대형 산불이 발생하였다.

최초 발화 지점은 강원도 양양군 강현면 사교리 일대 야산으로 추정하였다. 산불은 강풍을 타고 낙산 해수욕장과 낙산 대교 사이 바닷가 쪽으로 확산되었다. 불이 야간에 발생한 데다 바람이 강하게 불어 초동 진화에 많은 어려움이 있었다.

다행히 주민들 대부분은 집을 빠져 나와 인명 피해는 발생하지 않았으나 부속 건물 309동, 축사 22동, 산림 시설 973ha , 문화재 22개소, 농기계 650대 등에 많은 피해가 발생하였다. 특히 낙산사는 건물 20여 채 중 홍예문, 요사채 등의 목조 건물과 보물 제479호인 낙산사 동종 등의 문화재가 소실되었다.

1938년 4월 4일

우리나라 최초의 정식 도로법, 조선 도로령 공포

1938년 4월 4일에 조선 총독부 제령 제15호로 조선 도로령이 공포되었다. 이 법은 우리나라 최초의 정식 도로법이었다.

역사적으로 우리나라의 도로가 구체적으로 체계화된 것은 고려 시대부터이다. 고려 시대에는 모두 22개의 역도驛道가 있었으며 도로 주변에 525개의 역참을 설치하였다.

이후 조선 초기에는 도로를 도성내도로와 외방도로外方道路로 분류하였으며 조선 후기에 들어서는 한양을 중심으로 간선 도로와 지선 도로로 구분하였다.

조선 도로령은 1961년 12월 27일 '도로법'이 새로이 제정되면서 1962년 1일 1일자로 폐지되었다.

4월의
모든 역사

4월 5일

．
．
．

676년 4월 5일

신라, 삼국을 통일하다

선왕(무열왕)께서 직접 받으신 태종 문황제의 조칙은 다음과 같았
다. '내가 지금 고구려를 치려는 것은 너희 신라가 두 나라 사이에
끼어 매번 침략을 받아 편안한 날이 없음을 가련히 여겼기 때문이
다. 산천도 토지도 내가 욕심내는 것이 아니다. 내가 두 나라를 평
정하면 평양 이남 백제의 토지는 전부 너희 신라에게 주어 길이 편
안토록 하겠다.'……백제의 옛 땅은 백제(웅진 도독부)로 돌려줄 것
이라고 한다. 황하가 아직 마르지 않았고 태산이 아직 닳지 않았다.
3, 4년 사이에 주었다가 다시 빼앗음은 신라 백성들 모두가 원래
바라던 바가 아니다.

-『삼국사기』

고구려, 백제, 신라 삼국은 서로 동맹하여 협력하거나 상호 간의 경쟁과 전쟁을 계속하며 국가 발전을 지속하였다. 삼국 간의 항쟁은 4세기 중엽 고구려와 백제의 충돌로부터 본격화되었는데, 이때부터 신라가 수隋 · 당唐과 연결하여 삼국 통일을 이룩한 7세기까지 지속되었다.

삼국의 힘겨루기는 동아시아의 정세와도 밀접한 연관이 있었다. 우리나라 삼국 시대 무렵의 중국은 위魏 · 촉蜀 · 오吳의 삼국 시대에서부터 남북조의 분열을 거쳐 수 · 당의 통일 왕조에 이르는 시기였다. 이러한 복잡한 국제 질서 속에서도 삼국 간의 주도권을 잡기 위한 항쟁은 계속되었다.

삼국 항쟁의 초기였던 4세기에는 백제가 해상으로 진출하면서 고구려와의 싸움에서 우세한 경우가 많았으나 5세기부터는 고구려가 주도권을 장악하기 시작하였다. 고구려의 남진 정책을 기리는 척경비인 '충주 고구려비'는 이 시기에 고구려의 세력 확장을 잘 보여 주고 있다. 광개토 대왕은 요동 지방을 비롯한 만주, 한강 이북에 진출하였고 장수왕은 수도를 평양으로 옮기고 백제와 신라에 본격적으로 압박을 가하기 시작하였다.

하지만 6세기에 이르러 신라가 본격적으로 주도권을 장악하기 시작하면서 삼국 관계는 큰 변화를 맞이하게 되었다. 백제는 554년 관산성 전투에서 신라에게 패함으로써 한강 유역의 주도권을 빼앗겼고, 고구려는 수 · 당의 침략을 막아 내면서 힘을 잃어 갔다. 하지만 신라는 신흥 귀족인 김춘추가 김유신과 결탁하여 권력을 장악하고 집권 체제를 강화하면서 비약적으로 성장하였다.

법흥왕 대에는 처음으로 병부兵部를 설치하여 군사 제도를 정비하고 율령律令을 반포하였다. 재위 14년인 527년에는 불교를 국교로 도입하

여 삼국 통일의 사상적 기반을 마련하였으며 536년에는 신라 역사상
처음으로 건원建元이라는 연호를 사용하였다.

이어 진흥왕 대에는 종래 여성 중심의 원화源花를 폐지하고 남성 중심
의 화랑도를 창설하여 국가 조직으로 개편하였는데, 이는 삼국 통일의
원동력이 되었다. 또한 법흥왕의 가야 정복 사업을 계승하여 562년에는
경상북도 고령의 대가야를 멸망시키고 그 영토를 신라에 편입시켰다.

이로써 신라는 낙동강 유역을 비롯한 한강 유역의 중부까지 그 영토
를 확장하였으며 그 세력은 북쪽의 함경남도 지역에까지 이르렀다. 한
반도의 동남부에 치우쳐 있어 이제껏 고구려와 백제를 통해 중국과 교
류할 수밖에 없었던 신라가 비로소 중국과 직접 교류할 수 있게 된 것
이다.

이를 바탕으로 신라는 삼국 통일을 달성하기 위하여 먼저 당나라와
연합하여 백제를 공격하였다. 김유신이 이끄는 신라군은 황산벌에서
계백階伯이 이끄는 백제의 무리들을 밀어내고 사비성으로 진출하였다.
이어 당나라의 소정방蘇定方이 13만 대군을 이끌고 금강 입구의 백강白江
을 통하여 사비성으로 진격하였다. 결국 백제는 사비성이 함락되면서
660년에 멸망하였다.

백제를 멸망시킨 나당 연합군은 고구려에 대한 공격을 강화하였다.
고구려는 거듭된 전쟁으로 국력이 약화되었으며 665년에 연개소문이
죽자 지배층의 권력 쟁탈전이 심해져 국론이 분열되었다. 668년에는
신라의 장군인 김인문이 이세적의 당나라군과 협공을 가하여 평양성을
함락시키자 고구려는 끝내 멸망하였다.

하지만 당나라는 백제와 고구려가 멸망하자 660년에 백제의 옛 땅에
웅진 도독부, 663년에는 신라 경주에 계림 도독부, 668년에는 고구려

의 옛 땅에 안동 도호부를 설치하였다. 이는 당나라가 신라와 연합하여 백제와 고구려를 멸망시킨 이유는 결국 신라를 이용하여 삼국의 영토 전체를 장악하려는 야심 때문이었다는 것을 드러낸 조치였다. 이에 신라는 고구려, 백제의 유민들을 이끌고 당나라와 정면으로 맞섰다.

　　신라는 고구려 검모잠의 부흥군을 원조하여 당나라의 축출을 꾀하고, 또 백제 옛 땅에 머무르고 있던 당나라군을 각지에서 격파하였다. 문무왕 11년(671)에 신라는 마침내 사비성을 함락시키고 소부리주^{所夫里}^州를 설치하여 백제의 옛 땅에 대한 지배권을 완전히 장악하였다.

　　675년에 신라는 당나라의 20만 대군을 매소성에서 격파하여 나당 전쟁의 주도권을 장악하고, 676년에는 금강 하구의 기벌포에서 당나라의 수군을 섬멸하여 당나라의 세력을 한반도에서 완전히 몰아냈다. 이로써 신라는 676년 4월 5일, 마침내 삼국 통일을 달성하고 대동강에서 원산만 이남에 대한 지배권을 획득하게 되었다.

　　신라의 삼국 통일은 외세를 이용하였다는 점과 대동강 이남의 땅을 차지하는 데 그쳤다는 한계점이 있지만 당나라의 세력을 무력으로 몰아냈다는 점에서 자주적 성격을 띠고 있다. 또한 고구려와 백제 문화의 전통을 수용하여 다양한 문화를 향유하고 기술과 문화의 발전은 물론 경제력을 확충시켜 민족 문화를 꽃피웠다는 점에서 역사적 의의가 있다.

**　* 1979년 4월 8일 '충주 고구려비가 발견되다' 참조**

1860년 4월 5일

최제우가 동학을 창시하다

나는 동에서 태어나서 동에서 도를 받았으니 도는 비록 천도이나 학인즉

동학이다. 하물며 지구가 동과 서로 나뉘어 있는데 서를 어찌 동이라 하며

동을 어찌 서라 하리오.

우리 도는 이곳에서 받아 이곳에서 펴고 있으니 어찌 서학이라 이름하겠

는가.

-최제우, 「논학문」

19세기 중엽 조선 사회는 세도 정치의 문란으로 극심한 혼란을 겪고 있었다. 더구나 밖에서는 서양 세력이 밀려들고 있었다. 당시 동양의 최강국이라는 중국이 서양의 함포 앞에 힘 한 번 쓰지 못하고 굴복하자 조선은 큰 충격에 빠졌다.

중국의 굴복은 곧 그 다음 목표가 조선임을 말해 주는 것이었다. 이 때문에 조정에서는 서학의 침투와 그 세력의 급속한 증가에 위기를 느끼지 않을 수 없었다. 이러한 분위기 속에서 일반 민중들은 새로운 사상과 종교를 갈망하고 있었는데, 이에 부응하여 나타난 것이 최제우가 창시한 동학이었다.

최제우는 1824년 10월 28일 경주에서 태어났으며 본래 이름은 제선이다. 종교의 창시자라면 으레 따라다니는 신비한 탄생 설화도 최제우에게는 없다. 그는 8세부터 공부를 시작하였는데 매우 총명하여 어릴 때부터 수많은 고전들을 깨우쳤다.

하지만 최제우는 몰락한 양반 출신으로 그의 7대조인 최진립은 공조 참판을 지낸 무관이었으나 이후로는 아무도 벼슬길에 오르지 못하였다. 그는 자신이 사회적으로 차별 받는 신분임을 알고는 깊은 절망에 빠졌다. 13세에 결혼하였지만 나이 스물이 되자 부인을 처가에 맡기고 유랑의 길을 떠났다.

이 시기에 최제우는 온갖 일을 다 경험하였다. 처음에는 혹시 무과에라도 응시할 수 있을까 싶어 무예를 연마하기 시작하였다. 그러다가 시장에 나가 포목상도 하고 침도 배웠다. 또 점을 보는 것부터 도교, 불교, 심지어는 천주교에 발을 담그기도 하였다. 하지만 어느 것 하나 성공하지 못한 채 처자妻子가 있는 울산으로 돌아왔다.

그러나 유랑으로 인한 소득이 아주 없는 것은 아니었다. 무엇보다 당시 조선 사회의 모순과 백성들의 처참한 실정을 직접 체험했기 때문이다. 그는 기존의 사상과 종교가 더 이상 문제를 해결해 주지 못하자 자신이 직접 새로운 도를 만들어야겠다고 마음먹었다.

그 후 최제우는 5년간 울산 부근의 명산을 찾아다니며 진리를 탐구하고 기도를 드렸으나 득도에 이르지는 못하였다. 이에 실망한 그는 1859년 10월 처자를 이끌고 고향인 경주로 돌아와 구미산 계곡 용담정에 거처를 잡았다.

용담정은 일찍이 최제우의 부친이 지었던 정자로 기암괴석과 산수가 아름답고 운치 있는 곳이었다. 그는 이곳에서 보국안민, 제폭구민, 광제창생의 뜻을 이루지 못하면 세상에 나아가지 않겠다고 다짐하였다.

그리고 본래 이름인 '제선'을 어리석은 백성을 구제한다는 의미의 '제우濟愚'로 바꾸었다. 그리고 이곳 용담정에 정결한 제단을 차려 놓고 밤낮으로 공부하고 정성을 다해 기도하였다.

　마침내 1860년 4월 5일 득도의 순간이 왔다. 기도를 올리고 잠시 명상에 잠겨 있는데 공중에서 천지가 떠나갈 듯 상제의 우렁찬 목소리가 들려왔다. 아내와 아들 등 식구들은 아무 소리도 듣지 못하였다.

　최제우는 자기에게만 전한 '상제의 말씀'이라고 확신하였다. 그는 이때의 득도 장면을 『동경대전』에 이렇게 기록하고 있다.

　경신년 4월에 갑자기 가슴이 두근거리고 온몸이 떨리기 시작하였는데 무슨 병인지 알 수도 없고 말로 표현하기도 어려웠다. 그런데 어디선가 문득 신비로운 소리가 들려왔다. 나는 놀라 벌떡 일어섰다. "두려워 말고 무서워 말라. 세상 사람들이 나를 상제라고 부르는데 너는 상제를 모르더냐?" 하였다.

　나는 상제에게 왜 내 앞에 나타났는지 물었다. "나 역시 지금껏 공이 없으므로 너를 세상에 보내 사람들에게 이 법을 가르치려 하니 의심하지 말라." 라고 하였다.

　최제우는 그 이름을 동학이라고 이름 지었다. 이것은 서학에 대항하여 우리나라에서 도를 일으킨다는 의미로 민족 주체적인 성격을 분명히 한 것이다. 그리고 1861년부터 본격적으로 포교를 시작하였다. 곧 사방에서 사람들이 구름처럼 몰려들었다. 그는 신도들에게 21자로 된 주문을 지어 나누어 주었는데, 경주와 남원 일대는 그 주문을 외는 소리로 동네가 시끄러울 지경이었다.

　동학의 세력이 급속히 불어나자 기존 유림층의 비난의 소리가 높았졌고 동학은 서학, 즉 천주교를 신봉한다는 지목을 받았다. 이에 최제우는 1861년 11월 호남으로 피신하여 이듬해 3월 경주로 되돌아갈 때까지 은적암에서 동학사상을 체계적으로 이론화하였다. 이때 「논학문 論學文」「안심가安心歌」「도수사道修詞」 등을 지었다.

1862년 9월에는 백성들을 현혹시킨다는 이유로 체포되었으나 수백 명의 제자들이 석방을 청원하여 풀려났다. 이 사건으로 동학의 신도 수 는 더욱 증가하였다. 12월에는 각지에 접接을 두고 접주接主가 관내의 신도를 다스리는 접주제를 만들었다. 교세는 경상도와 전라도는 물론 충청도와 경기도까지 확대되어 1863년에는 교인이 3,000여 명에 이르 렀다.

이때 조정에서는 동학의 교세 확장에 두려움을 느끼고 최제우를 체 포할 계책을 세우고 있었다. 이를 미리 알고 있었던 최제우는 1863년 7월 제자 최시형에게 해월海月이라는 도호를 내린 뒤 제2대 교주로 삼 았다. 그 후 11월 20일 제자 20여 명과 함께 경주에서 체포되어 서울 로 압송되었다.

최제우는 1864년 1월 대구 감영으로 이송되어 심문을 받다가 혹세무 민의 죄로 처형되었다. 그는 41세를 일기로 형장의 이슬로 사라졌지만 그 조직은 살아 있었다. 이후 동학은 교조 신원 운동을 통해 집단 시위 를 벌이다가 탐관오리의 혁파, 외세 배척 등을 주장하며 사회 개혁 운 동으로 전환되었다.

* 1864년 3월 10일 '동학의 창시자 최제우가 처형되다' 참조

1926년 4월 5일

고려혁명당 조직

1926년 4월 5일 만주 길림성에서 고려혁명당이 조직되었다.

고려혁명당은 만주에서 독립운동에 활기를 불어넣기 위하여 조직된 독립운동 단체이다. 정이형 등을 비롯하여 만주 정의부와 소련에서 활동하던 인사들을 중심으로 창당되었으며 창당 당시 당원은 1,600여 명이었다. 이 당은 정치 이념을 실현하는 역할을 수행하고 있던 정의부와 밀접한 관련이 있었다. 양기탁이 초대 위원장을 지냈으며 책임 비서는 이동구가 맡았다.

한편 고려혁명당은 민족주의자와 사회주의자를 아우르고 있었는데 이 때문에 항상 이념적 차이에 의한 분열 요인을 내포하고 있었다. 결국 내분으로 당이 분열되자 대부분의 민족주의자들이 탈당하였다.

더욱이 1927년 12월에는 정이형, 이동구 등의 당 간부 14명이 만주 하얼빈에서 일본 경찰에게 붙잡혔고 그 밖의 간부들마저 국내와 만주 등지에서 체포되었다.

특히 정의부의 군사 위원장을 지낸 오동진이 붙잡혀 징역 8년을 선고받아 고려혁명당은 큰 타격을 입었고 당은 해체되었다.

1939년 4월 5일

독립운동가 남궁 억 사망

독립운동가 남궁 억은 1863년 12월 27일 서울에서 태어났다.

그는 1884년 영어 학교인 동문학을 수료하고 1886년 내부 주사가 되어 이듬해 전권대신 조민희의 수행원으로 영국, 러시아, 홍콩 등에 머무르다 2년 후 귀국하였다. 1889년 궁내부 별군직을 거쳐 칠곡 군수를 지냈으며 1894년에는 내부 토목국장이 되어 우리나라 최초의 공원인 탑골 공원의 공사를 맡았다.

남궁 억은 1896년 2월 아관파천 후에 관직을 사임하고 그해 7월 서재필 등과 독립협회를 창립하였다. 독립협회가 해산하자 1898년에는 「황성신문」을 창간하여 언론계에 몸 담았다.

1905년부터 성주 목사로 관직 생활을 했으나 일제가 강제로 을사조약을 체결하고 국권을 강탈하자 사임하였다. 이후 1906년 2월 양양 군수로 임명되어 애국 계몽 운동에 참가하였으며, 이듬해 7월 양양에 현산학교를 설립하였다. 1910년부터 9년간 배화학당에서 교사로 지내다 1918년 건강이 악화되자 강원도 홍천의 보리울로 낙향한 후 모곡학교를 건립하였다. 그 후 학교 뒤뜰에 무궁화 밭을 일구고 묘목을 길러 주위에 나누어 주는 등 나라꽃인 무궁화를 알리기 위해 노력하였다. 그가 기른 무궁화의 묘목은 7만 그루에 이르렀으며 무궁화 노래까지 지어 민족정신을 일깨우고자 노력하였다. 1933년 11월에는 기독교 계열 독립운동 비밀 결사인 십자당을 조직하였는데 이때 이른바 '무궁화와 한국 역사 사건'으로 일본 경찰에 붙잡혀 8개월간 옥고를 치렀다.

그 후 석방되었으나 고문 후유증으로 1939년 4월 5일 사망하였으며 1977년 건국훈장 독립장이 추서되었다. 특히 그가 지은 「무궁화 동산」 「기러기 노래」 「조선의 노래」 등의 창가는 민가에 널리 유행하였다. 저서에는 『동사략東史略』 『조선 이야기』 등이 있다.

* 1933년 11월 2일 '남궁 억, 무궁화와 한국 역사 사건으로 체포' 참조

1949년 4월 5일

식목일 제정

1949년 대통령령으로 4월 5일이 식목일로 제정되었다.

이날은 신라가 삼국 통일의 위업을 달성한 날이자 조선 성종이 선농단先農壇에 나아가 직접 밭을 일군 날에 해당한다.

식목일을 4월 5일로 정한 것은 청명을 전후하여 나무 심기에 적합하다는 이유도 있었지만 이처럼 뜻있는 날을 기념하기 위한 것이었다.

식목일은 1949년 처음 공휴일로 정해진 뒤 1960년 3월 15일을 사방의 날로 대체 지정하면서 공휴일에서 제외되었다가 다시 환원되는 등 여러 차례 변경되었다.

그 후 2005년 6월 '관공서의 공휴일에 관한 규정'이 개정되면서 2006년부터는 기념일로 변경되어 공휴일에서 제외되었다.

세계 최초의 식목 행사는 미국 네브래스카 주州에서 시작되었으며 이후 나무 심기 행사는 세계 각국으로 퍼져나갔다.

2001년 4월 5일

장구 연주가 김덕수, 생애 첫 독주회 개최

2001년 4월 5일 '작은 거인'으로 불리는 장구 연주가 김덕수의 생애 첫 독주회가 열렸다.

김덕수는 한국의 전통 음악 연주가로 5세 때 남사당의 일원이 되었으며 1970년 서울국악예술고를 졸업한 후 풍물패에서 활동하였다.

1978년 2월에 사물놀이패를 창단하고 소극장 공간사랑에서 처음 사물놀이를 선보였다. 이후 세계 50여 국에서 3,600회 이상 공연하며 사물놀이의 대중화에 힘썼다.

대표곡은 「어우름」 「소리」 「덩더쿵」 등이 있으며 저서에는 『사물놀이 교착본 1, 2, 3』이 있다.

4월의
모든 역사

4월 6일

1950년 4월 6일

농지 개혁을 실시하다

제1조. 본법은 헌법에 의거하여 농지를 농민에게 적절히 분배함으로써 농가 경제의 자립과 농업 생산력의 증진으로 인한 농민 생활의 향상 내지 국민 경제의 균형과 발전을 기함을 목적으로 한다.

제2조. 본법에서 농지는 전, 답, 과수원, 잡종지 기타 법적 지목 여하에 불구하고 실제 경작에 사용하는 토지 현상에 의한다.

제3조. 본법에 있어 농가라 함은 가주 또는 동거 가족이 농경을 주업으로 하여 독립 생계를 영위하는 합법적 사회 단위를 칭한다.

-「농지 개혁법」

1945년 8월 15일 광복 당시 우리나라 농지의 소작 비율은 전 농지 222만 6,000ha의 65%인 144만 7,000ha였다.

매년 가혹한 소작료를 지불하고 있던 농촌 경제는 빈곤의 악순환이 계속되었다. 이에 따라 농지의 소유권을 분배하여 생산성을 높이고 소작료를 둘러싼 사회적 갈등을 해소하고 농촌 경제의 향상을 도모하기 위해 농지 개혁의 필요성이 대두되었다. 또한 1946년 3월 5일 북한이 농지 개혁을 단행하며 이를 선전 수단으로 활용하며 불안을 가중시킴에 따라 더욱 서두르게 되었다.

정부 수립 직후인 1949년 1월 농지 개혁 법안이 국회에 제출되었고 이후 국회 본회의에 상정되어 절충 · 수정이 이루어졌다. 1949년 6월 21일 '농지개혁법' 이 제정되었고 이듬해 3월 이 개정안이 국회를 통과하면서 비로소 농지 개혁 실시를 위한 입법 조처가 완전히 갖추어졌다.

이 법률은 전문 6장 29조로 이루어져 있는데 주요 내용은 다음과 같다.

1. 정부가 사들이는 대상 농지는 농가 아닌 자의 농지, 자경自耕하지 않는 자의 농지, 호당 3ha 이상을 초과하는 부분의 농지, 다년생 식물 3ha 이상을 자영하는 자가 소유하고 있는 다년생 식물 재배 이외의 농지 등을 정부의 매수 대상 농지로 한다.

2. 매수 대상에서 제외되는 농지는 호당 3ha 이내의 자경 또는 자영 농지, 다년생 식물 재배의 자영 농지, 비농가가 가정 원예용 농지로 경작하는 500평 이내의 농지, 정부 및 공공단체의 소유농지, 공인된 학교와 종교 단체 및 후생 기관의 자경 농지, 학술 연구 등 특수 목적을 위해 사용되는 농지, 분묘 1기당 0.2ha 이내의 농지, 미완성된 개간 및 간척 농지, 이 법 실시 이후의 개간 또는 간척 농지들이다.

3. 매수 농지의 평가 기준은 해당 농지 주생산물의 평년작의 1.5배로 정하되, 다년생 식물을 재배하는 농지는 시가에 따라 별도로 사정하고, 개간 · 간척 및 특수 사용지는 특별 보상액을 첨가한다.

드디어 1950년 4월 6일에 우리나라 최초의 농지 개혁이 실시되었다.

그러나 농지 개혁이 구체적으로 실시될 무렵 6 · 25 전쟁이 일어나게 된다. 이에 따라 경상남도 일대를 제외한 다른 지역에서는 부득이 중단되었다가 1950년 9월 28일 서울 수복 이후 계속되었다.

농지 개혁법 시행으로 분배된 농지는 광복 당시 소작지의 144만 7000ha의 42.4%에 해당하는 61만 3,000ha였다. 나머지 대상 농지는 광복 후 5년이 지나는 동안 지주와 소작인 간의 합의에 따라 대부분 직접 양도가 이루어졌거나 은폐 소작지가 되었다.

이후 6 · 25 전쟁이 끝난 1953년부터 본격적으로 시행되었던 농지 개혁은 1994년에 새롭게 '농지법'이 제정됨에 따라 폐지되었다.

농지 개혁은 분배 조건이 지나치게 까다로웠다는 지적뿐만 아니라 자작농 육성책이나 사후 관리 제도 미비, 농민의 농촌 이탈로 많은 면적의 농지가 다시 소작지로 환원되는 등의 문제가 있었다. 하지만 그동안 계속되었던 지주제가 해체되어 상당수 자작농이 육성되었으며 소작을 둘러싼 농촌 사회의 마찰을 해소하여 사회적, 정치적 안정에 기여하여 농촌의 민주화를 가져왔다는 데 그 의의가 있다.

1995년 4월 6일

전기통신사업법 개정 시행

—

1995년 4월 6일부터 전문 개정된 전기통신사업법이 본격적으로 시행
되었다.

이 법률은 전기 통신 사업의 발전을 도모하고 공공복리 증진을 위해
제정된 법이다. 총 7장으로 전문 78조와 부칙으로 구성되어 있으며 기존
의 전기통신기본법을 더욱 구체화한 것이다.

전기 통신 사업은 기간 통신 사업, 별정 통신 사업, 부가 통신 사업으로
구분하며 전기통신사업자는 이용자의 불만을 즉시 처리해야 하고 손해
를 끼쳤다면 배상해야 한다. 또한 적법한 절차를 따르지 않고 개별 이용
자의 정보를 공개해서는 안 되며 불법 통신 행위 또한 금지된다.

이 외에도 기간 통신 사업자 간의 주식 상호 소유 제한, 가입자 선로의
공동 활용, 번호 이동성, 전기 통신 설비를 손괴한 자 등에 대한 벌칙 규
정 등을 포함하고 있다.

이 법은 현재 2006년 3월 24일 법률 제7,916호로 공포되어 시행되고
있다.

1973년 4월 6일

천마총 고분 발굴

천마총은 신라 제22대 지증왕의 능으로 추정되는 고분으로 그동안 황남동 제155호분으로 관리되어 왔다.

당시 정부는 한국 최대의 고분인 제98호 고분의 내부를 공개하여 관광 자원으로 활용한다는 계획을 세웠다. 이에 따라 제98호분보다 작은 고분인 제155호분을 먼저 발굴하게 된 것이다.

김정기 박사를 단장으로 한 고분 발굴 학술 조사단은 1973년 4월 6일부터 발굴을 시작하여 약 5개월 동안 계속하였다.

그 결과 천마도(국보 제207호), 금관(국보 제188호) 등 총 11,297점의 부장품이 출토되었다. 황금 보관을 무덤 밖으로 옮길 때에는 가뭄과 뙤약볕이 내리쬐던 하늘에 갑자기 먹구름이 끼고 천둥 번개를 동반한 폭우가 쏟아져 조사원들이 혼비백산하는 일이 벌어지기도 하였다.

출토된 유물 중에는 순백의 천마天馬 한 마리가 하늘로 날아 올라가는 그림이 그려진 천마도가 발견되었다. 이 천마도는 지금까지 알려진 신라 시대의 회화로는 가장 뛰어난 작품으로 국보 제207호로 지정되었다.

1882년 4월 6일

조미 수호 통상 조약 체결

1882년 4월 6일 조선과 미국 간의 통상을 목적으로 하는 조미 수호 통상 조약이 체결되었다.

전문 14개조로 구성되어 있는 이 조약은 '제3국이 한쪽 정부에 부당하게 또는 억압적으로 행동할 때에는 다른 한쪽 정부는 원만한 타결을 위해 주선을 한다' '양 체결국은 각각 외교 대표를 상호 교환하여 양국의 수도에 주재시킨다' '치외 법권은 잠정적으로 한다' '양국 간에 언어, 문예, 법률 등 문화 학술 교류에 보호와 원조를 다한다' 등을 주 내용으로 하였다.

이로써 양국의 역사적인 문화 교류가 시작되었으며 이 조약은 우리나라가 구미 제국과 맺은 최초의 조약이라는 데 그 의의가 있다.

4월의
모든 역사

4월 7일

.
.
.

1896년 4월 7일

서재필이 「독립신문」을 창간하다

「독립신문」은 우리나라 최초의 순 한글 신문으로 제목에는 항상 태극기가 인쇄되었다.

총 책임자는 서재필이었고 부책임자는 주시경이었으며, 영문판 「The Independent」의 편집에는 미국인 헐버트의 도움을 받았다.

이 신문은 가로 22cm, 세로 33cm의 국배판 정도 크기로 4면 가운데 3면은 한글 전용 「독립신문」으로, 마지막 1면은 영문판 「The Independent」로 편집하였다.

누구나 한 번쯤은 '문신립독'이라는 활자가 크게 찍힌 사진을 접하고 고개를 갸우뚱한 경험이 있을 것이다. 그것은 왼쪽에서 오른쪽으로 글을 읽고 써왔던 사람들에게는 도무지 이해할 수 없는 단어였다. 그러나 오른쪽에서 왼쪽으로 문장 생활을 하던 사람들에게는 전혀 이상한 것이 아니었다.

1884년 갑신정변의 실패로 미국에 망명하였던 서재필은 11년 만인 1895년 12월 26일 서울로 돌아왔다. 그는 망명 당시에는 다시는 고국으로 돌아오지 못할 것이라 생각하고 미국 시민이 되기 위해 노력하였다. 그는 의과 대학을 졸업하여 의사가 되었고 미국인 여성 뮤리엘 암스트롱과 결혼하였다. 또한 틈나는 대로 근대 사상가들의 저서를 읽으며 민주주의를 이해하는 일도 게을리 하지 않았다.

그러던 어느 날 서재필은 고국으로부터 자신을 옭아맸던 역적의 죄명을 풀어주는 것은 물론 고위 관리로 등용하겠다는 놀라운 소식을 들었다. 서재필은 그 요청을 거절하였으나 박영효가 직접 워싱턴에 나타나 귀국을 권유하자 한참을 고심한 끝에 귀국을 결심하였다.

서재필은 서울로 돌아온 후 서대문 근처에 거처를 마련하였다. 정부는 서재필에게 중추원 고문을 맡기고자 하였으나 사실 그 자리는 아무런 실권이 없는 직책이었다. 서재필이 그 제의를 거절하자 내부 대신 유길준은 그를 찾아와 설득하였다. 이에 서재필은 자신이 신문을 간행할 때 정부로부터 보조금을 받는 조건으로 수락하였다.

당시 「한성신보」를 발행하던 일본은 이 계획을 무산시키려고 안간힘을 썼다. 유길준은 「한성신보」와의 합작이라는 절충안을 제시하였지만 서재필은 단호히 거절하였다.

그러다 1896년 2월 아관파천으로 박정양 내각이 새로이 들어서자 서

독립신문

재필의 계획은 드디어 그 꽃을 피우게 되었다. 새 내각 또한 정부를 홍보할 수단이 필요했기 때문에 양측이 신문 발행에 쉽게 합의할 수 있었던 것이다.

새 내각은 서재필에게 신문 담당 부서인 농상공부의 고문을 겸직케 하여 신문 간행에 필요한 작업을 원활히할 수 있도록 도왔다. 신문 창간 보조금 4,400원도 지불해 주고 정부 소유의 건물을 사옥으로 내주었다.

마침내 1896년 4월 7일 한글과 영문판으로 된 「독립신문」이 첫 선을 보였다. 신문이 창간된 뒤 새 내각은 그 보급에 각별히 신경 썼다. 학부와 내부는 각급 학교의 학생들과 지방관들에게 신문을 구독하도록 지시하였다. 또 각 관청에 대해서는 자유로운 취재가 보장되었다. 이 때문에 창간 초기 「독립신문」은 정부의 시책을 국민들에게 알리는 기관지 역할을 훌륭히 수행하였다.

「독립신문」은 창간호로 2,000부를 발행하였는데 2~3일 만에 매진되었다. 어떤 사람들은 가족들에게 주겠다며 대여섯 장씩 한꺼번에 사가는 일도 벌어졌다. 이처럼 뜨거운 반응으로 정기 구독자가 쇄도하자 발행 부수를 곧바로 3,000부로 늘렸다.

이 신문은 총 4면으로 주 3회(화ㆍ목ㆍ토) 발간되었는데, 1면과 2면에는 논설과 관보, 잡보, 외국 소식을 3면에는 광고를 실었다. 4면에는 논설과 국내의 정치 활동을 영문으로 소개하였다. 1897년부터는 한글판과 영문판을 따로 떼 내어 각각 4면씩 발행하였다.

특히 「독립신문」에서 가장 주목할 것은 제목은 물론 1~3면의 기사 전체를 순 한글로 썼다는 사실이다. 이것은 「독립신문」이 일반 국민들을 계몽하기 위한 신문이었음을 말해 주는 것이다. 한글로 적어야 누구나 쉽게 읽고 이해할 수 있을 것이라 믿었던 것이다.

이러한 노력으로 「독립신문」은 첫 간행되어 폐간될 때까지 국민을 계몽하고 개화사상을 확산시키는 데 큰 공헌을 하였다. 그러나 독립협회가 해산하면서 1899년 12월 4일자 제4권 제278호를 끝으로 종간호를 내었다.

1400년 4월 7일

이방원, 사병제 혁파 단행

1392년 태조 이성계가 조선을 건국한 이후 왕위 계승을 둘러싸고 각각 태조 7년(1398)과 정종 2년(1400) 두 차례에 걸쳐 왕자 간의 싸움이 일어났다.

제2차 왕자의 난에서 승리한 이방원은 실권을 장악하고 1400년 4월 7일 사병제 혁파에 나섰다.

사병은 개인 또는 집단에 사적으로 예속되어 있는 병사들을 뜻하는데 조선 초기의 사병은 고려 말 홍건적과 왜구의 침입이 빈발하던 시기에 형성되었다.

조선은 건국 직후인 1393년 9월 사병을 혁파하기 위하여 의흥삼군부를 설치하고 군사권을 통제하려 했으나 종친과 훈신들의 사병까지는 혁파하지 못하였다. 결국 이들 사병을 계속 남겨둠으로써 두 차례 왕자의 난이 발생한 것이었다.

이 두 차례의 난에서 가장 강력하고 많은 수의 사병을 거느리고 있었

던 이방원이 승리함으로써 왕권 강화를 전제로 한 사병의 혁파가 가능
하게 된 것이다.

마침내 정종 2년(1400) 9월에는 모든 시위패를 혁파하여 삼군부로
분속시켰다. 사병이 혁파되어 병권이 집중되자 조선 왕조는 비로소 정
치적 안정을 찾게 되었다. 삼군부는 중앙 부대로서 왕권과 수도를 방위
하는 병력을 지휘 · 감독하였다. 이로써 삼군부는 왕권을 정점으로 하
는 강력한 단일 체제로 정비되었다.

* 1398년 8월 25일 '조선, 제1차 왕자의 난이 일어나다' 참조
* 1400년 1월 28일 '조선, 제2차 왕자의 난이 일어나다' 참조

1997년 4월 7일

한보 사태, 청문회 개시

1997년 1월 한국의 재계 서열 14위이던 한보 그룹이 부도를 내면서
이른바 한보 사태가 발생하였다.

특히 이 사건은 당시 한보 그룹 총회장 정태수가 약 5조 7,000억 원
에 달하는 엄청난 액수를 대출하는 과정에서 정계와 금융계 핵심부와
의 유착을 통해 엄청난 부정과 비리를 저지른 것이 알려지면서 더욱 세
간의 관심을 모았다. 이 사태로 제철소가 있던 충청남도 당진의 171개
영세 업소와 외상 거래자들이 부도 피해를 당해 막대한 손실을 입었다.

이처럼 한보 부도와 관련된 각종 의문이 꼬리를 물고 계속되면서 국
회에서는 한보 사태 국정조사특별위원회가 구성되어 4월 7일부터 한

보 청문회가 시작되었다. 당시 김영삼 대통령의 차남 김현철과 국가안
전기획부(현 국가정보원) 운영차장 김기섭 등을 비롯한 정치인 33명이
조사를 받았다.

결국 한보 사태는 권력형 금융 부정 및 특혜 대출 비리 사건으로 사
상 최대의 금융 부정 사건으로 기록되었다. 1997년 5월 정태수 한보 그
룹 총회장이 공금 횡령 및 뇌물 수수 혐의로 징역 15년을 선고받았으
며 한보로부터 돈을 받은 정치인과 은행장 등 10명은 징역 20~25년을
선고받았다.

—

1998년 4월 7일

규제개혁위원회 신설

—

김대중 정부 출범 직후인 1998년 4월 7일 대통령 직속 기구로 규제
개혁위원회가 신설되었다.

규제개혁위원회의 전신인 행정쇄신위원회와 규제개혁추진회의가 지
엽적인 개선에 그친 것으로 평가되자 정부는 규제개혁위원회를 통해
핵심적인 규제를 완화하고자 하였다. 이에 따라 규제개혁위원회는 정
부의 규제 정책을 심의 · 조정하여 불필요하고 비효율적인 행정 규제를
조정하기 시작하였다. 이 업무를 수행하기 위하여 국무총리, 민간 공동
위원장, 민간 위원, 정부 위원 6인 등 총 20인이 구성되었다.

그리하여 각 분야의 전체 규제 1만 1,125건 가운데 5,430건(48%)을
폐지하고 2,411건(22%)을 개선하는 등 총 7,841건(70%)의 규제를 정비
하였다.

4월의
모든 역사

4월 8일

.
.
.

—

1979년 4월 8일

충주 고구려비가 발견되다

—

5월에 고려대왕상왕공高麗大王相王公과 신라 매금寐錦은 세세토록 형제 같이 지내기를 원하여 서로 수천守天하기 위해 동으로 왔다.

'매금寐錦 기昷 태자太子 공共…상尙…상공간노上共看奴 주부主簿 도덕道德' 등이 …로 가서 궤영에 이르렀다.

동이 매금이 늦게 돌아와 매금토내寐錦土內의 제중인諸衆人에게 절교 사節教賜를 내렸다.

프랑스의 황제 나폴레옹이 전쟁 중에 발밑에서 우연히 네 잎 클로 버를 발견하고는 허리를 굽혔는데, 그 순간 머리 위로 '쌩'하며 총알이 지나갔다고 한다. 이후 네 잎 클로버는 '7'과 더불어 행운의 상징이 되었다.

금석문의 발견도 이렇듯 행운이 따라야 하는 경우가 많은데 단양 신라 적성비의 경우에는 어느 학자가 뾰족 솟아 있는 돌에 신발의 진흙을 털다가 발견한 것이었다.

충주 고구려비(옛 중원 고구려비) 또한 마찬가지로 원래 소를 묶어 놓던 말목과 깃대를 꽂는 용도로 사용되었던 평범한 돌이었다. 그런데 충주의 '예성동우회'라는 문화재 동아리가 우연히 이 돌에 글자가 새겨진 것을 발견하고 이 사실을 전문가들에게 제보하여 발굴이 시작되었다.

1979년 4월 8일 단국대학교 학술 조사단은 마침내 이 돌이 1,500년 전의 고구려 비석인 충주 고구려비임을 확인하였다. 현재 남아 있는 고구려의 비석은 중국 지안 시 퉁거우에 있는 광개토 대왕릉비와 충주 고구려비 단 두 개뿐이다. 그나마 광개토 대왕릉비는 중국의 엄격한 통제로 실물에 대한 학술적인 접근이 어려운 상황이다. 이 때문에 한반도에 유일하게 남아있는 충주 고구려비는 그 중요성이 더하다.

충주 고구려비는 충청북도 충주시 가금면 입석 마을에서 발견되었는데 이곳은 남한강과 불과 0.5km 떨어져 있다. 마을 앞을 흐르는 안반내는 한강으로 흘러 들어가는 곳으로 예전에는 서울에서 항상 배가 모여들었다고 한다.

육로 상으로도 서울을 가려면 이곳을 지나 장호원으로 빠지는 길이 가장 지름길이었으므로 교통의 요충지라고 할 수 있다. 이러한 지리적 여건으로 보면 고구려가 충주 지역을 점령하였을 때 이 지역을 통치의 중심으로 삼았을 가능성이 높다.

처음 발견되었을 당시 충주 고구려비는 이끼가 잔뜩 끼어 육안은 물론 탁본을 해도 글자를 알아보기 어려웠다. 이끼를 제거하자 비로소 본래의 모습이 드러났다.

한눈에 넓적한 돌기둥으로 보이는데 광개토 대왕릉비와 비슷하여 그 축소판을 한반도에 옮겨놓은 느낌이었다. 이 비석은 자연석을 이용하여 4면에 모두 글을 새겼으며 높이 203cm, 폭 55cm로 그 형태는 만주에 있는 광개토 대왕릉비와 비슷하다.

하지만 비문이 심하게 마모되어 앞면과 왼쪽 측면의 일부만 읽을 수 있다. 여기에 '고려대왕高麗大王'이라는 글자가 보이는데 이때의 고려는 고구려를 뜻한다. 또한 비면은 자연석 그대로 다듬었기 때문에 위와 아래의 폭이 서로 다르다.

한편 삼국 시대의 비문은 보통 연대를 밝혀 주는 간지나 연호가 첫머리에 나타나는데 충주 고구려비는 그것이 보이지 않는다. 물론 이 비석이 고구려의 비석인 것은 누구도 의심하지 않지만 문제는 과연 비문이 언제 작성되었는가 하는 것이다. 아쉽게도 비문은 심하게 마멸되어 있어 판독하기가 쉽지 않았다. 워낙 오랜 세월을 비바람에 시달리고 사람과 짐승의 손을 탄 까닭이다.

판독된 글자 중에 결정적인 단서가 없다 보니 작성 연대에 관한 무수한 추측들이 쏟아졌다. 5세기 전반 광개토 대왕 대부터 6세기 중·후반 평원왕 대까지 아주 다양하다. 하지만 고구려 남진 정책의 성공을 기리는 척경비이므로 이 가운데 많은 학자들의 지지를 받고 있는 것은 5세기 후반의 장수왕 대이다.

비문의 작성 연대 이상으로 중요한 것은 당연히 그 내용이다. 이 비문을 살펴보면 고구려왕은 '태왕'이라 부르면서 신라왕은 '매금'이라 낮춰 부르고 신라를 '동이'라고 비하하는 내용이 나타난다. 또 고구려의 영토는 '왕토', 신라 땅은 '토내'라 구분하여 부르고 있다.

신라 매금을 우벌성으로 불러 고구려와의 상하 관계를 확인하고 의복을 하사하는 내용은 아주 인상적이다. 이러한 것들은 당시 고구려가 스스로를 천하의 중심으로 여기고 신라는 주변의 변방으로 인식하고 있다는 유력한 증거이다. 이른바 고구려의 천하관이다. 이처럼 충주 고구려비를 통해 고구려와 신라의 관계를 단편적으로나마 엿볼 수 있다.

충청북도 중원 지방은 수륙 양면에서 교통상의 요지이기 때문에 고구려와 신라 모두에게 중요한 곳이다. 고구려에게는 남쪽으로 진출할 수 있는 기지였다면 신라에게는 한강 유역 진출을 위한 교두보였다.

당시 고구려는 남쪽 지방으로 적극 진출하여 신라는 물론 낙동강 하류의 가야까지 그 영향력을 미쳤다. 그러다보니 소백산맥 이남의 신라를 통제할 전방의 거점이 필요해졌다.

이것이 바로 북부 지방에 설치한 고구려의 국원성이었다. 이 지역은 신라 경덕왕 대에 중원경으로 이름을 바꾸었다가 고려가 건국된 후 태조에 의해 충주로 변경되어 지금까지 그 지명을 사용하고 있다.『삼국사기』에서도 중원경은 본래 고구려의 국원성이라고 밝히고 있다. 결국 충주 고구려비는 고구려의 신라 경영에 대한 자신들의 이념을 공시하고 선전한 기념물이었다.

충주 고구려비는 고구려와 신라, 백제 3국의 관계를 밝혀주는 귀중한 자료로서 고구려 문화가 신라 문화에 영향을 주었음을 밝히는 가장 오래된 금석문이다. 또한 우리나라에 남아 있는 유일한 고구려비라는 점에서 가장 큰 역사적 가치가 있다. 1981년 3월 18일 국보 제205호로 지정되었다.

1861년 4월 8일

동학의 제3대 교주 손병희 출생

동학의 제3대 교주 손병희는 1861년 4월 8일 충청북도 청주에서 태어났다.

그는 1882년 당시 22세 때 동학에 입교하였고, 1897년 12월 24일부터는 제 2대 교주 최시형에게 의암이라는 도호를 받아 실질적인 제3대 교주의 역할을 하였다.

1904년 러일 전쟁 당시 「삼전론三戰」을 발표하여 정치 개혁을 주장하였으며 1906년 동학을 천도교로 개칭하고 제3대 교주에 취임하여 교세 확장 운동에 힘썼다. 1907년 일선에서 물러나 보성학교, 광명소학교, 동덕여자의숙 등의 학교를 인수하여 교육 문화 사업에 힘썼다.

1919년에는 민족 대표 33인의 대표로 3·1운동을 주도하다 일본 경찰에 체포되어 이듬해 10월 징역 3년형을 선고받고 서대문 형무소에서 복역하였다. 1년 8개월 만에 병보석으로 출감하여 치료를 받던 중 1922년 5월 19일 사망하였으며 1962년 건국훈장 대통령장이 추서되었다.

논저로는 『수수명실록授受明實錄』 『도결道訣』 『명리전明理傳』 『천도태원설天道太元說』 등이 있다.

—

1975년 4월 8일

대법원, 인민 혁명당 재건 위원회 관련자 8명에게 사형을 선고하다

—

　제1차 인민 혁명당 사건은 1964년 8월 14일 당시 김형욱 중앙정보부 장이 북한의 지령을 받고 국가 변란을 획책한 인민 혁명당을 적발하였 다고 발표함으로써 처음 세상에 드러났다.

　그 후 10년이 지난 1974년 4월 제2차 인민 혁명당 사건으로 더 잘 알 려진 이른바 '인민 혁명당 재건 위원회' 사건이 발생하였다.

　이는 1974년 민청학련 수사를 진행하였던 중앙정보부가 그 배후 세 력으로 인민 혁명당 재건 위원회를 지목하고 이에 따라 국가보안법 위 반 혐의로 총 240명을 체포한 사건이다. 그중 도예종, 이수병, 서도원 등을 비롯하여 총 8명은 사형을 선고받고 나머지 15명도 무기 징역 또 는 징역 15년의 중형을 선고받았다. 사형 선고를 받은 8명은 이튿날인 4월 9일 바로 형이 집행되었다.

　이 사건은 대표적인 사법 살인으로 손꼽히며 국내뿐 아니라 해외에 서도 진실 규명을 촉구하는 목소리가 계속되었다. 이에 따라 재조사가 이루어져 마침내 2002년 9월 12일 의문사 진상 규명 위원회는 이 사건 을 조작된 것으로 발표하였다. 그해 12월 유족들이 서울중앙지법에 재 심을 청구하였고 그 결과 2007년 1월 23일 사형이 집행되었던 8명에게 무죄가 선고되었다.

　이로써 이들 8명의 명예도 회복되었으며 사법부의 지난 잘못도 바로 잡을 수 있게 되었다.

1970년 4월 8일

와우 아파트 붕괴

1970년 4월 8일 서울 마포구 창전동에 위치한 와우 아파트 한 동이 폭삭 주저앉았다.

이 사고는 준공된 지 불과 석 달 만에 일어난 참사로 건물이 무너지면서 주민 70여 명 중 33명이 압사하고 수십 명이 중경상을 입었다.

당시 서울시는 1969년부터 1971년까지 3년에 걸쳐 시민 아파트 2,000개 동을 공급한다는 계획을 세웠다. 그중 와우 아파트는 서울시가 야심차게 추진했던 지상 5층, 15개동 규모의 아파트였다.

그러나 당시 건설업계에 만연했던 부패와 짧은 시간 안에 많은 아파트를 건립하려던 계획은 총체적인 부실 공사로 이어졌고 결국 대참사를 빚고 말았다.

이 사고로 와우 아파트는 부실 공사의 대명사가 되었다. 그러나 와우 아파트 사건의 오명을 지우기 위한 건설업계의 자정 노력으로 이후 우리나라의 건축 기술은 크게 향상되었다.

4월의
모든 역사

4월 9일

.
.

1196년 4월 9일

최충헌, 60여 년 최씨 정권을 세우다

사라예보의 총성으로 제1차 세계 대전이 일어났다고 하듯 하나의
사건에는 항상 폭발 장치가 있게 마련이다.

최충헌의 집권에는 비둘기 한 마리가 그 역할을 담당했다. 이의민
의 아들인 이지영이 동부녹사로 있던 최충수의 비둘기를 강탈해
가자 최충수는 돌려줄 것을 요구하였다.

그러나 이지영은 오히려 그 태도가 건방지다며 하인을 시켜 최충
수를 결박시켰다. 거센 항의 끝에 풀려나긴 했지만 화가 머리끝까
지 오른 최충수는 형 최충헌을 찾아가 이 사실을 알리고 이의민 부
자를 죽일 것을 제안하였다.

1170년 8월 의종은 전날 홍왕사의 잔치에 이어 신하들과 함께 개경 근처 보현원으로 행차하였다. 의종은 도중에 술을 마시고 흥에 취해 무신들에게 수박 놀이를 시켰다. 이때 이소응과 젊은 장교 한 명이 맞붙어 시합을 벌이게 되었다. 비록 이소응이 무관이긴 하였지만 이미 환갑에 가까운 늙은이였다. 결국 그는 젊은 장교의 힘을 당하지 못하고 달아나 버렸다.

그런데 한뢰라는 젊은 문관이 갑자기 연회장에서 뛰어나와 '비겁한 늙은이'라며 이소응의 뺨을 쳤다. 이때 이소응은 그만 섬돌 아래로 떨어져 버렸는데 바로 이 사건이 도화선이 되어 '정중부의 난'이 일어났다. 이후 왕은 허울만 쓴 존재로 전락해 버렸고 실질적으로는 무신들이 집권하게 되었다.

그러나 정변 세력들 간에 다툼이 일어나면서 정권은 수시로 바뀌었다. 정중부는 정변의 동지였던 이의방을 제거하여 권력을 손에 넣는 듯하였지만 곧 청년 장군 경대승에게 죽임을 당하였다. 그러나 경대승은 불과 서른의 나이에 신경 쇠약 증세로 죽고 말았다. 이후 경대승의 뒤를 이어 노비 출신인 이의민이 권력을 잡았다.

이의민은 뇌물을 받고 관직을 주고, 민가를 제멋대로 빼앗아 호화로운 집을 짓는 등 부정과 부패를 일삼았다. 그의 아들들도 아버지의 권력을 믿고 남의 아내를 빼앗는 등 그 횡포가 이만저만이 아니었다. 곳곳에서 이의민 부자를 욕하고 저주하는 목소리가 넘쳤다. 그러나 이의민을 무너뜨린 것은 어이없게도 비둘기였다.

이의민에게는 세 아들이 있었다. 그중 둘째인 이지영이 동부녹사로 있던 최충수의 비둘기를 강탈해 갔다. 그것은 최충수가 무척이나 아끼던 비둘기였다. 최충수는 화가 머리끝까지 올랐고 이에 이지영의 집으로 찾아가 당장 돌려줄 것을 요구하였다.

그러나 이지영은 최충수의 태도가 건방지다며 하인을 시켜 그를 결박시켰다. 거센 항의 끝에 간신히 풀려나긴 하였지만 최충수의 가슴 속에는 복수심이 불타올랐다. 그는 형 최충헌을 찾아가 함께 이의민 부자를 죽일 것을 제안하였다. 처음에 최충헌은 주저하였지만 동생의 의지를 꺾을 수 없자 계획에 가담하기로 하였다.

1196년 4월 9일, 이날은 석가탄신일이라 국왕은 신하들과 보제사를 찾았다. 이의민은 왕의 행차를 따르는 것이 마땅하였으나 병을 핑계로 미타산 별장에서 하룻밤을 묵었다. 최충헌 형제는 이 틈을 노려 친인척들을 모아 이의민을 기습하였다.

이의민이 대문 밖에서 말을 타려던 순간 이들은 미타산 별장으로 들어섰다. 최충헌은 그 자리에서 이의민의 목을 베어 저잣거리에 내걸고 장군 백존유에게 군대를 소집할 것을 요청하였다. 이의민이 살해되었다는 소문은 금방 시내에 쫙 퍼졌고 왕은 즉시 환궁하였다. 이의민의 아들들은 최충헌의 세력에 겁을 먹고 도망가 버렸다.

최충헌 형제는 왕궁으로 달려가 왕에게 사건의 전말을 보고하였다. 왕이 그 노고를 격려해 주자 최충헌은 자신감을 얻어 이의민의 자식들과 그 잔당들까지 모조리 쓸어버렸다. 이지영은 황주로 도망갔다가 한유에게 잡혀 피살되었다. 또 이들은 이의민의 고향인 경주에도 군사들을 보내 먼 친척들까지 살해하였다. 이에 왕궁에 있던 일부 무인들이 금위군과 노비 1,000여 명을 모아 최충헌에게 대항하였지만 계란으로 바위치기였다. 1184년부터 1196년까지 13년간 지속된 이의민 정권은 이렇게 무너지고, 이로써 최충헌-최우-최항-최의로 연결되는 4대 60여 년의 최씨 정권이 시작되었다.

모든 장애물들이 제거되자 최충헌은 명종에게 '봉사 10조'를 올렸다. 국정 전반에 걸쳐 대대적인 개혁을 건의한 것이었다. 그러나 이것은 이의민의 실정을 지적하고 자신의 쿠데타가 정당하다는 것을 강조하는 게 주목적이었다. 거사 이듬해에는 왕이 간신들을 가까이하여 국고를 낭비하였다며 명종을 몰아내고 대신 신종을 세웠다.

최충헌은 1198년에 일어난 만적의 난을 평정하고 이듬해 병부상서 지이부사가 되었다. 그 후 1202년에는 문무관의 전주로 인사권을 장악하였다. 1209년에는 영은관에 교정도감을 설치하여 인사 · 감찰 · 등 국정 전반을 감독하였다. 교정도감은 최씨 정권의 최고 기관으로 존속하였으며 최충헌은 그 우두머리인 교정별감이 되었다.

최충헌은 1219년 7월 천수를 다 누리고 71세를 일기로 사망하였다.

—

1898년 4월 9일

「매일신문」 창간

—

1898년 4월 9일 우리나라 최초의 일간지인 「매일신문」이 창간되었다. 「매일신문」은 배재학당 학생회인 협성회가 1898년 1월 1일 창간하였던 주간지 「협성회회보」가 발전되어 일간지로 탄생한 것이다.

사장은 양홍묵이 맡았으며 이 외에 이승만, 최정식, 유영석 등이 참여하였다. 이 신문은 순한글로 발행되었으며 편집 체제는 독립신문을 따랐다. 제1면에는 논설, 제2면에는 정치 문제, 제3면과 제4면에는 외국 소식, 학문, 개화 문명에 관한 기사와 광고를 실었다.

「매일신문」은 순 한글을 사용함으로써 한글 신문 시대를 형성하는

데 크게 기여하였으며, 특히 혁신적인 논조로 민족 대변지의 역할을 수행하였다. 현재 연세대학교 도서관에 1899년 4월 3일자(제278호)까지 보관되어 있다.

1923년 4월 9일

최초의 극영화, 「월하의 맹서」 상영

1923년 4월 9일 우리나라 최초의 극영화인 「월하의 맹서」가 상영되었다.

「월하의 맹서」는 윤백남이 시나리오를 쓰고 직접 감독한 35mm 필름 영화로 권일청, 이월화가 주연을 맡았다. 그러나 이 영화는 조선 총독부 체신국이 저축을 장려하기 위하여 제작한 계몽 영화로 극장에서 상영되지는 않았다.

「월하의 맹서」는 처음부터 끝까지 한국인이 손수 만든 최초의 영화로 한국 영화사에 한 획을 그은 기념비적인 작품이다. 또한 주연 배우와 줄거리가 있는 최초의 극영화로 실제 여배우가 출현한 최초의 영화라는 데 의미가 있다.

1983년 4월 9일

태안반도에서 1,000여 점의 도자기 발견

1983년 4월 9일 태안반도 앞 바닷속에서 1,000여 점의 도자기가 발

견되었다.

1981년부터 1987년까지 태안반도에서는 수중 발굴이 이루어졌는데 앞서 1981년에도 고려청자 500여 점이 발굴된 바 있다.

태안반도, 도리포, 신안, 달리도, 진도, 완도, 제주도 신창리 해저 등 서남해안 여러 곳에서 해저 유물이 발굴됨으로써 과거 이곳이 찬란했던 문화와 무역의 교류지였음이 증명되었다.

4월의
모든 역사

4월 10일

■
■
■

1916년 4월 10일

화가 이중섭이 태어나다

이중섭은 평양 종로보통학교를 함께 다니고 일본에서도 같은 미술 학교를 다닌 절친한 친구다. 키도 크고 미남이었다.

이중섭은 커서도 꼭 인력거꾼이 입고 다니는 것 같은 반코트 차림 이었는데, 주머니에는 골동품상에서 주워 모은 목각 도자기 파편이 가득했다. 이중섭은 한 인간이 극한 상황 속에서 그림하는 태도를 보여 주고 갔다.

그의 주검을 내가 발견했다. 적십자 병원에 만나러 가니까 침대 에는 없고 시체실에 있었다. 이중섭은 은박지 골필화, 데생으로 6·25 전쟁이라는 리얼리티를 누구보다 더 생생하게 대변했다.

-김병기

이중섭은 어려서부터 '소'에 미친 녀석이라는 소리를 들을 만큼 소와
붙어살았다. 들판에 나가 하루 종일 풀을 뜯는 소를 바라보며 그림을 그
리는 것은 예삿일이었고 소의 눈만 바라보고 있으면 배고픔도 잊었다.

그는 창복이라는 후배에게 나중에 크면 조선의 소만 그릴 것이라고
포부를 밝히곤 했었는데 실제로 소는 이중섭을 상징하는 작품이 되었
다. 엉덩이가 용마루처럼 솟은 강렬한 소를 만난다면 그건 이중섭의 작
품임에 틀림없다.

이중섭은 1916년 4월 10일 평안남도 평원군에서 태어나 어린 시절
집안의 귀여움을 독차지하며 자랐다. 그가 5세 되던 해 아버지가 세상
을 떠났는데 이 무렵부터 그리기와 만들기에 깊은 관심을 보였다.

이중섭이 그림에 두각을 나타내기 시작한 것은 보통학교 4학년 때부
터였다. 지금도 그렇지만 당시에도 상급 학교를 진학하기 위한 입시 전
쟁은 치열했다.

그러나 이중섭은 입시 공부는 뒷전이었고 그림 그리는 데만 열심이
었다. 종종 근처에 있는 고구려 고분에 들어가 벽화를 감상하기도 하였
다. 남들은 옛날 무덤이라 귀신이 나온다며 꺼렸지만 그에게는 오히려
안방처럼 포근한 곳이었다. 그는 보통학교를 마치고 정주에 있는 오산
고등보통학교에 진학하였다. 이곳은 남강 이승훈이 설립한 학교로 민
족의식이 강한 곳이었다. 당시 조만식이 교장을 맡았고 함석헌은 국사
를 가르치고 있었다.

이중섭은 여기에서 해외 유학파인 임용련과 백남순 부부를 만나는
행운을 얻게 되었다. 임용련과 백남순 부부는 주말이면 학생들을 야외
로 데리고 나가 자연의 풍경을 그리게 하고 즉석 품평회를 열었다. 임
용련은 이중섭의 그림을 보고 장래에 거장이 될 것이라며 칭찬을 아끼

지 않았다.

이중섭은 오산고등보통학교를 졸업한 후 원산으로 이사한 가족들 곁에서 1년간 머물다가 1937년 일본으로 건너갔다. 그는 학풍이 자유분방한 도쿄문화학원에 입학하였으며 이때 후일 아내가 되는 야마모토를 만나 사랑에 빠지게 된다.

1940년 졸업 기념으로 미술 창작가 협회전에 낸 작품 「소」가 협회 장상을 받아 주목을 끌었다. 1943년 7월에 「망월」로 특별상인 태양상을 받은 후 귀국하였으며 1945년 5월 야마모토와 원산에서 결혼식을 올렸다.

그러나 이중섭의 작품은 남북 분단 이후 북한에서 종종 '인민의 적'이라는 식의 공격을 받았다. 이 때문에 그는 표현의 자유를 찾고 싶은 욕망에 월남하였다.

1952년 그의 아내는 심한 경제적 곤란으로 두 아이들을 데리고 친정인 도쿄로 돌아갔다. 가족과의 생이별은 그에게 엄청난 고통을 안겨 주었다. 전쟁이 끝나고 어렵게 일본으로 건너가 아내를 만났지만 일주일 만에 돌아왔다.

그 후 이중섭은 영양실조와 간염으로 서대문 적십자 병원에 입원하였다가 1956년 9월 16일 아무도 지켜보는 이 없이 쓸쓸히 눈을 감았다. 그가 죽은 지 3일에서야 친구들이 그 사실을 알고 장례를 치렀으며 유골의 반은 일본에 있는 아내에게 보내져 그 집 뜰에 묻혔다.

이중섭의 작품에 등장하는 소재들은 향토적 성격이 짙은 것들이었다. 특히 1950년대는 가장 어려운 시기였지만 「새」와 「아이들」 등의 작품을 통해 따뜻한 정서와 특유의 해학미를 보여 주었다.

이중섭은 한글 자모를 이용한 그림을 그리기도 했었는데, 이것은 일제의 국어 말살 정책에 대한 반발이었다. 즉 그림을 통해 한글을 지키겠다는 것이었다. 들판에 나가 하루 종일 소를 그렸던 것도 바로 이때였다.

한편 이중섭은 두꺼운 한지에 먹물을 먹인 후 펜촉 같은 뾰족한 것으로 긁어내 흰 바탕을 드러내는 새로운 실험도 하였다. 이것은 후일 유명한 은박지 그림으로 이어져 이중섭 예술의 한 특징으로 자리 잡게 되었다. 대표적인 작품에는 「싸우는 소」「흰소」「움직이는 흰소」「소와 어린이」등이 있다.

1900년 4월 10일

우리나라 최초의 민간 전등 가설

"전기회사에서 작일부터 종로에 전등 삼좌를 연하였더라."

-「황성신문」

1887년 3월 경복궁 건청궁 내에 우리나라 최초로 전등이 밝혀졌다. 미국으로부터 발전 설비를 도입해 2개의 전등을 켠 것이다. 하지만 그로부터 11년 후인 1898년 1월에 한성전기주식회사가 설립되면서 우리나라에 전기가 본격적으로 도입되었다.

그리고 1900년 4월 10일, 서울 종로에 우리나라 최초로 민간 주도의 전등이 가설되었다. 이것은 그동안 해가 뜨면 일하러 가고, 해가 지면 집으로 돌아오던 생활방식을 일순간에 바꿔 놓은 혁명적인 사건이었다. 그래서 우리나라에서는 이 날을 기념해 1966년 이후부터 '전기의 날'로 지정해 지켜 오고 있다.

이후 여러 배전 회사들이 설립되면서 우리나라의 전기 사업이 점차로 발전하는 듯싶었다. 하지만 조선 총독부는 1931년 12월에 전국 54개의 배전 회사를 4개로 통폐합하고, 1941년 6월에는 허천강~홍남, 허천강~청진 등의 북쪽 지역만을 중심으로 전력을 공급하는 정책을 펴서 우리나라의 전기 사업에 통제를 가하였기에 전력 발전이 더디게 진행되었다. 그래서 6 · 25 전쟁 이후 남한은 전력 공급에 큰 차질을 빚기도 하였다.

이런 어려움에도 불구하고 우리나라는 조선전업주식회사, 경성전기주식회사, 남선전기주식회사를 통합해 1961년부터 한국전력주식회사를 발족시키면서 전력 산업의 안정화를 이룩하게 되었다. 그 후 한국전력주식회사는 1982년 한국전력공사로 개편되었다.

—

1898년 4월 10일

작곡가 홍난파 출생

—

홍난파는 1898년 4월 10일 경기도 화성에서 태어났다.

그는 1912년 14세 되던 해 YMCA에 들어가면서부터 음악에 관심을 가졌다. 1920년 작곡한 「봉선화」는 그의 첫 창작곡집인 『처녀혼』에 「애수」라는 곡명으로 발표되었고 이 노래는 일제 강점기에 우리 민족의 애환을 노래하여 널리 애창되었다.

홍난파는 작곡 외에도 바이올리니스트, 음악 평론가, 수필가, 소설가, 번역가 등 예술 활동 전반에 걸쳐 그 역량을 아낌없이 발휘하였다.

1921년에는 우리에게 잘 알려진 『쿠오바디스 』를 『어데로 가나』로 번역하였으며 이를 시작으로 여러 편의 문학 작품을 번역하는 등 문학 활동에 심취하였다.

1924년 1월 19일 첫 번째 바이올린 독주회를 개최하고 연악회를 중심으로 음악 교육과 보급에 진력하였다. 1926년 다시 일본으로 건너가 도쿄 고등음악학교에 편입한 후 도쿄 신교향악단의 제1바이올린 연주자로 활동하였다. 1931년에는 바이올린 수업을 위하여 도미하여 미국 셔우드 음악학교에서 바이올린과 작곡 이론을 공부하였다.

홍난파는 「금강에 살어리랏다」 「봄 처녀」 「성불사의 밤」 「옛 동산에 올라」 등 민족적 정서와 애수를 담긴 곡을 작곡하였으며 1941년 8월 43세를 일기로 짧은 생을 마감하였다.

——

1997년 4월 10일

서울 공덕동 지하철 공사장, 도시가스 폭발

——

1997년 4월 10일 서울 마포구 공덕동 지하철 6호선 공사 현장에서 도시가스가 폭발하였다.

이 사고는 당시 하수관 교체 작업 중이던 굴착기가 도시가스 관을 건드리면서 불꽃이 옮겨붙어 발생한 것이다. 사고가 나자 지하철 공사장 위로 30m 이상 불길이 치솟아 작업 중이던 굴착기 1대가 전소되었으며 하수관에서 쏟아져 나온 물로 지하철 공사장 주변은 물바다가 되었다.

또한 지하에 매설되어 있던 일반 전화 8,000여 회선과 광케이블 2개가 불타 전화 통화가 일시 중단되었으며, 사고 직후 이 일대 교통이 약 2시간가량 마비되어 극심한 정체를 빚었다.

그러나 다행히 사고 발생 직후 공사장 인부들은 재빨리 대피하여 인명 피해는 발생하지 않았다.

—

1979년 4월 10일

과천 제2 정부 청사 착공

—

정부는 인구 분산을 목적으로 1975년 12월 과천에 제2 정부 청사 건립 계획을 세웠다. 이후 경기도 과천시에 대지 36만 9,991m²를 확보하여 1979년 4월 10일부터 공사가 시작되었다.

제2 정부청사는 청사 5개동, 후생동, 안내동으로 이루어져 있으며 이후 친환경적인 근무 환경 조성에 중점을 두고 녹지를 조성하고 다양한 후생 시설도 마련하였다.

2008년 2월 정부 조직 개편에 따라 청사 부처 배치가 많이 달라졌으며 2011년 5월 현재 9개 중앙행정부처 5,500여 명이 입주해 있다.

4월의
모든 역사

4월 11일

:
:

1510년 4월 11일

삼포왜란이 발발하다

첫째, 왜인의 삼포 거주를 허락하지 않고 삼포 중 제포薺浦만 개항한다.

둘째, 도주島主의 세견선歲遣船을 종전의 50척에서 25척으로 반감한다.

셋째, 종전의 세사미두歲賜米豆 200석을 반감해 100석으로 한다.

넷째, 특송선제特送船制를 폐지한다.

다섯째, 도주의 아들 및 대관代官의 수직인受職人, 수도서인受圖書人들의 세사미와 세견선을 허락하지 않는다.

여섯째, 도주가 보낸 선박 이외의 배가 가덕도加德島 부근에 와서 정박하면 적선賊船으로 간주한다.

일곱째, 대마도에서 제포에 이르는 직선 항로 외의 항해자는 적왜敵倭로 규정한다.

여덟째, 상경 왜인上京倭人은 국왕 사신 외에는 도검刀劍 소지를 금한다.

-「임신약조」

고려 말부터 기승을 부리기 시작한 왜구의 침입은 조선 시대에도 마찬가지였다. 조선은 왜구를 근절시키기 위해 때로는 그들을 달래고 때로는 강경한 자세를 취하는 등 당근과 채찍을 병행하였다.

그러다가 세종 대에 이르러 왜구가 대거 조선의 연안을 침범하자 이종무를 보내 대대적인 대마도(쓰시마 섬) 정벌에 나섰다. 왜구의 근거지를 쑥대밭으로 만들어 우환의 뿌리를 뽑겠다는 의지였다. 그 후 원정대는 대마도에 큰 타격을 입히고 돌아왔다. 조선과의 교류가 끊어지자 그동안 조선으로부터 식량 등의 생활필수품을 많이 의지해 왔던 대마도는 당장 생활에 큰 위협을 받게 되었다.

세종 8년(1426)에는 이미 개항된 부산포와 내이포(일명 제포) 외에 염포(울산)까지 포함하여 이른바 3포를 개항하였다. 그러나 조선은 후환을 염려하여 왜인들이 제한된 범위에서만 무역을 할 수 있도록 계해약조를 체결하였다.

삼포에는 따로 왜관을 설치하여 교역과 접대의 장소로 삼았는데 조선은 이 삼포에 한해서만 일본 무역선이 오고갈 수 있도록 허락하였으며 무역과 어로가 끝나면 곧 철수하도록 하였다.

그러나 거주가 허락된 왜인인 항거왜인抗拒倭人이 있었는데 그 숫자는 처음에는 삼포 전체에 60명이었으나 점점 그 수가 불어나 성종 25년(1494)에는 내이포에 1,719명, 부산포에 288명, 염포에는 152명에 이르렀다. 이것은 삼포에 들어온 왜인들이 병이 심하다거나 거센 파도를 이유로 그냥 눌러앉았기 때문이다.

조선에서는 이들을 적발하여 강제로 일본으로 송환하였지만 얼마 안 되어 그 수가 이전보다 더 늘어났다. 결국 조선은 왜리倭里라는 거주 지역을 만들어 그들을 수용하였다.

이들은 시간이 흐르자 차츰 지정된 구역을 벗어나기 시작하였다. 땔나무를 하러간다는 둥 절에 불공을 드리러 간다는 둥 하며 여기저기 제멋대로 돌아다녔다. 경작지도 불법적으로 확대하였다. 성종은 여기에 세금을 부과하였지만 이들에 대한 회유책의 일환으로 또다시 면세의 혜택을 베풀었다. 반면에 대마도주對馬島主는 항거왜인들로부터 철저히 세금을 거둬들였다.

조선의 이런 나약한 정책은 왜인들로 하여금 밥 먹듯 법규를 위반하게 만들었고 이는 연산군 대에 절정에 달했다. 그래서 내이포의 항거왜인이 조선의 수군 4명을 잡아다 구금하는 어처구니없는 사건이 벌어지기도 하였다.

그러나 중종이 반정을 통해 왕위에 오르자 상황은 급변하였다. 왜인들에게 법규를 엄격하게 적용하라고 지시한 것이다. 그러자 그동안 활개 치던 왜인들의 불만이 높아지면서 곳곳에서 조선인과 충돌이 일어났다.

마침내 1510년 4월 11일 내이포 항거왜인의 우두머리인 오바리시와 야스고가 주동이 되어 폭동을 일으켰다. 이들은 대마도주의 아들인 종성홍을 대장으로 삼아 100여 척의 배와 무장한 왜인 5,000여 명을 거느리고 웅천성으로 밀려왔다.

부산포와 염포에서도 항거왜인들이 일어나 폭동에 가세하였다. 본래 이들 삼포의 항거왜인은 각 포마다 추장, 또 그 위에는 삼포를 총괄하는 책임자가 있어 그 조직이 기동성을 발휘할 수 있었다. 이들은 부산포에서 첨사 이우증을 살해하였다. 또 웅천성에서 접전이 있었지만 현감 한륜이 도망가자 곧 성을 함락시켰다. 그리고 제포를 공격하여 첨사 김세균을 납치하였다. 이에 조정에서는 급히 황형과 유담년을 삼포로 보내 이들을 진압하게 하였고 그제야 왜인들은 비로소 화의를 제의하였다.

그러나 진압군은 이들의 제의를 일축하고 섬멸 작전에 들어갔다. 진압군은 왜인들의 배 5척을 침몰시키고 300명을 죽였다. 4월 19일에는 대마도주의 아들 종성홍이 살해되었고 왜인들은 모두 대마도로 도주하였다. 하지만 조선 역시 군인과 민간인 272명이 피살되고 민가 800여 호가 불에 타는 등 손실이 컸다.

이 사건이 종결되자 조선은 대마도와의 통교를 중단하였다. 그러나 대마도주가 사건 주동자의 목을 베어 바치고 포로를 송환하자 중종 7년(1512)에 임신약조를 체결하여 제포를 개항하여 교역을 재개하였다. 삼포왜란이 발발한 지 2년 만이었다.

—

1506년 4월 11일

연산군, 사간원 폐지

—

사간원은 조선 시대 간쟁과 논박을 맡은 관청으로 태종 2년(1402)에 문하부가 의정부로 흡수될 때 설치된 것이다. 이 기관은 왕의 정사에 대한 비평을 중심으로 정치 문제를 논하는 언론 기관으로 국왕의 전제적인 권리를 제한하였다.

관원으로는 대사간, 헌납, 사간, 서리 등이 있었는데 이들을 6방으로 나누어 번番을 돌게 하였다. 또 각 도에 명령을 내릴 때에는 먼저 사간원에서 논의토록 하였다.

이 외에도 언론을 직무로 하는 관부로는 사헌부가 있었다. 사헌부와 사간원, 여기에 홍문관을 합하여 '언론 삼사'라 불렀다.

그러나 간언을 듣기 싫었던 연산군은 1506년 4월 11일 사간원과 홍문관을 폐지하고 경연도 없애는 등 모든 언로를 없애 버렸다.

2001년 4월 11일

국민은행, 한국주택은행과 합병

국민은행은 1963년 담보 능력이 약한 일반 국민과 소기업 종사자의 금융 편의를 제공할 목적으로 설립되었다.

설립 당시에는 서민 금융을 전담하는 정책 금융 기관이었으나 1995년 1월 5일 국민은행법이 폐지되고 민영화되면서 모든 규제가 사라져 국민은행은 일반 상업은행과 동일한 업무를 취급할 수 있게 되었다.

그 후 국민은행은 1998년 대동은행을 인수하였고 2001년 4월 11일에는 은행권 구조조정으로 한국주택은행과 합병하였다. 2003년 5월에는 국민신용카드와 합병 계약을 체결하였으며 2008년에는 KB금융지주의 완전자회사로 편입되었다.

4월의
모든 역사

4월 12일

:

1419년 4월 12일

고려의 삼은, 길재가 사망하다

오백년 도읍지를 필마로 돌아드니

산천은 의구하되 인걸은 간 데 없다

어즈버 태평연월이 꿈이런가 하노라

-길재, 「회고가懷古歌」

경상북도 구미시에 위치한 금오산은 온갖 기암괴석이 가득하고 산림과 계곡이 발달하였다. 이 산에 오르면 '채미정'이라는 명소를 만날 수 있는데 이곳은 길재의 학덕과 충절을 기리기 위해 영조가 세운 정자이다.

'채미'는 백이숙제의 고사에서 유래한 말로 '고사리를 캐다'라는 뜻이다. 주나라 무왕이 은나라의 주왕을 멸망시키자 백이와 숙제는 서우양 산에 몸을 숨기고 고사리를 캐서 먹고 살다가 굶어 죽었다.

주나라의 곡식은 한 톨도 먹을 수 없다는 것이 그 이유였다. 결국 '채미정'이라는 이름은 조선과 끝내 타협하지 않은 길재의 충절을 압축하는 것이다.

길재는 1353년 경상북도 선주(지금의 구미)에서 태어났다. 그가 8세 때 가재를 소재로 지었다는 「석별가」는 길재의 심성과 문학적 자질을 엿볼 수 있게 한다.

가재야, 가재야 너도 엄마를 잃었느냐
나도 엄마를 잃었단다.
너를 삶아 먹을 줄 알지만
엄마 잃은 것이 나 같아서 놓아 보내 준다.

어린 나이에도 가재에게 동병상련을 느꼈던 모양이다.

길재가 처음으로 성리학에 눈을 뜬 것은 18세 때 상산 고을의 사록 박분을 찾아가 논어와 맹자를 배우면서였다. 이 무렵 개경의 관리였던 아버지를 찾아갔다가 이색과 정몽주, 권근 등을 만나 성리학의 진수를 접하게 되었다. 권근은 "내게 와서 학문을 배우는 사람은 많았으나 길재는 그중 남달리 뛰어났다.”며 그를 높이 평가하였다.

공민왕 23년(1374) 길재는 국자감에 입학하여 처음으로 생원시에 합격하였다. 그의 나이 22세였다. 그 후 한참의 공백을 거쳐 1383년 사마감시에 붙었으나 이듬해 아버지의 상을 당하는 아픔을 겪었다. 그는 아버지의 삼년상을 마치고 그해 치러진 진사시에 응시하여 급제하였다.

과거에 급제한 길재는 처음 청주목의 사록에 임명되었으나 부임하지는 않았다. 1387년에는 성균학정이 되었다가 1년 뒤 순유박사를 거쳐 성균박사로 승진하였다. 이때 그의 높은 학식이 알려지면서 태학의 많은 학생들과 귀족의 자제들이 모여들었다.

길재는 1389년 문하주서로 임명되지만 고려의 멸망을 짐작한 그는 늙은 어머니를 봉양한다는 구실로 곧 사직하고 고향으로 내려갔다. 조정에서는 계속 그를 불렀지만 응하지 않았다. 참으로 짧았던 벼슬길이었다.

1392년 그의 예상대로 고려는 결국 이성계에 의해 그 종말을 맞았다. 이 과정에서 신흥 사대부들의 진로는 여러 방향으로 갈렸다. 정도전처럼 조선 왕조의 중심 세력이 되거나, 정몽주와 이숭인처럼 충절을 지키다가 죽거나 길재처럼 재야 세력으로 남았다.

정종 2년(1400)에 길재를 태상박사에 임명하자 그는 ‘충신은 두 임금을 섬기지 않는다 하였습니다. 저는 초야의 미천한 몸으로 이미 고려를 섬겨 벼슬까지 받았습니다. 이제 다시 거룩한 조정에 봉사한다면 명분과 교화에 누를 끼치는 일이옵니다.’ 라는 글을 올렸다.

비록 죽지는 않았지만 협력은 할 수 없다는 것이었다. 이후 길재는 초야에 묻혀 살면서 후진 양성에 힘을 쏟았는데 후일 이들은 사림파로 성장하게 된다. 김숙자도 길재의 문하에서 배웠는데 그 아들이 바로 김종직이었다.

한편 길재는 두 임금을 섬길 수 없다며 고려에 대한 충절은 굳게 지켰지만 그의 아들 길사순이 조선 왕조에 등용되는 것을 막지는 않았다. 그는 태종 18년(1418)에 둘째 길사순이 조정의 부름을 받고 나가자 "임금이 먼저 신하를 부르는 일은 아주 드문 일이다. 너는 마땅히 내가 고려를 잊지 못하는 그 마음으로 조선의 임금을 섬기거라."며 조선 왕조에 대한 충절을 당부하였다.

또 길재의 병환이 급하여 부인 신씨가 아들 길사순을 부르려고 하자 그는 "임금과 아버지는 일체입니다. 이미 임금에게 가 있으니 죽었다는 소식을 듣고 오는 것이 옳습니다."라며 제지하였다.

길재는 1419년 4월 12일 "자기가 죽거든 주자의 가례를 따라 장례를 치르라."는 마지막 말을 남기고 눈을 감았다. 금산의 성곡서원, 선산의 금오서원 등에 제향되었으며 저서로는 『야은집』『야은속집治隱續集』 등이 있다.

길재의 충절과 학문을 기리기 위해 1768년에 채미정이 창건되었으며 2008년 12월 26일 채미령은 명승 제52호로 승격 지정되었다.

1992년 4월 12일

백범 김구 암살범 안두희, 암살 배후 폭로

1950년 4 · 19 혁명 직후 결성된 '백범 김구 선생 시해 진상 규명 위원회'는 이듬해 4월 안두희를 붙잡아 암살의 배후를 자백받았다. 그러나 안두희는 일사부재리의 원칙에 의거하여 형사 처분을 받지 않았고 그해 5 · 16 군사 쿠데타 이후 귀가 조치되었다.

1992년 4월 12일 마침내 안두희는 범행 43년 만에 다시 입을 열었다. 그는 "독자 범행이 아니며 나는 하수인에 불과하다."라고 말했다. 이어 배후에는 당시 특무대장이었던 김창룡이 관련되어 있다고 폭로하였다. 또한 범행에 앞서 김창룡 외에도 이름이 밝혀지지 않은 당시 CIA 한국 담당자였던 미군 중령과 수차례 만나 김구 선생을 살해해야 한다는 언질을 받았다고 밝혔다.

그는 이 같은 사실이 언론에 공개될 경우 자신에게 쏟아질 보복 때문에 그동안 사실을 밝히기를 꺼렸다고 진술하였다.

1995년 12월에는 「백범 김구 선생 암살 진상 국회 조사 보고서」가 작성되었으며 안두희는 이듬해 10월 당시 버스 운전기사였던 박기서에 의해 피살되었다.

1880년 4월 12일

강화도 조약으로 원산에 일본 영사관 개관

강화도 조약은 1876년 조선과 일본 사이에 체결된 조약으로 이는 일본의 무력시위 아래 체결된 것이다.

이 조약은 모두 12개조로 되어 있는데 그중 제2조는 조선 정부가 20개월 이내에 부산과 그 밖의 2개 항구를 개항해야 하며, 2개 항구의 선정은 일본이 임의로 정하도록 규정되어 있었다. 이에 따라 동해안에는 원산이, 서해안에는 인천이 각각 선정되었다. 이후 일본에 의해 원산이 개항되면서 1880년 4월 12일 원산에 일본 영사관이 개관하였다.

1962년 4월 12일

연극 전문 소극장, 드라마 센터 건립

1962년 4월 12일 서울 중구 예장동에 연극 전문 소극장인 드라마 센터가 건립되었다.

드라마 센터는 유치진이 미국 록펠러 재단으로부터 재정을 지원받아 공사를 시작하였으며 설계는 김중업이 맡았다. 이 센터는 건축 면적 2310m², 500석 규모의 연극 전용 극장으로, 총공사비 1억 2,000만 원을 들여 완공되었다. 당시로는 획기적인 개방 무대로 설계되었으며 도서관, 의상실, 분장실, 욕실 등의 다양한 시설도 갖추었다.

드라마 센터의 개관 기념으로 유치진 연출의 셰익스피어 「햄릿」을 공연하였다. 하지만 재정적 기반이 취약하여 재정난에 부딪히게 되어 곧 드라마 센터는 대관 극장으로 바뀌었다. 이후 후진 양성을 위해 부설 한국연극아카데미와 한국연극연구소를 설치하였고 아동 극단 '새들'과 전속 극단 '극단 드라마센터'를 창단하여 연극인을 양성하였다.

1974년 유치진이 죽은 후 '극단 드라마센터'는 그의 호號를 따서 '동랑東朗레퍼토리극단'으로 이름을 변경하였다.

1962년 설립된 부설 한국연극아카데미는 1998년 서울예술대학으로 발전하였으며 현재 극장은 학생들의 실습 전용 무대로 사용되고 있다.

4월의
모든 역사

4월 13일

.
.
.

1919년 4월 13일

대한민국 임시정부 수립을 선포하다

신인이 일치하고 중외가 협응하여 한성에서 의를 일으킨 지 30여
일에 평화적 독립을 300여 주에 광복하고 국민의 신임으로 완전히
조직된 임시정부는 항구 완전한 자주독립의 복리를 우리 자손 여민
에 세전키 위하여 임시 의정원의 결의로 임시 헌장을 선포하노라.

-「대한민국 임시 헌장」

국내에서 독립의 염원이 거세게 분출되었던 3 · 1 운동이 실패로 끝나자 독립지사들은 독립 의지를 계승하고 일본의 통치에 조직적으로 항거하기 위하여 임시정부 설립을 계획하였다. 이에 따라 3 · 1 운동 전후로 당시 국내외에는 7개의 임시정부가 수립되었다.

경성(서울)에는 한성 임시정부가, 연해주에는 대한국민의회 임시정부가 수립되었다. 이후 임시정부의 통합 문제가 거론되자 결국 상하이 임시정부로 통합되었다.

1919년 4월 10일에는 대한민국 임시정부를 수립하고 임시 의정원을 구성하였다. 국호는 대한민국으로 정하고 이튿날에는 대한민국 임시정부의 기본법인 「대한민국 임시 헌장」을 제정하였다.

임시 헌장 제1조에서 대한민국을 민주 공화국제로 규정하였으며 제2조와 제3조에서는 입법과 행정의 분리에 따른 통치를 명시하였다. 제4조는 국민의 자유에 대하여, 제6조는 국민의 의무에 대하여 기술하였다. 제7조는 국제 연맹에 가입하였음을 선포하였다.

마침내 1919년 4월 13일 한성 임시정부와 통합하여 대한민국 임시정부 수립을 국내외에 선포하였다. 당시 대한민국 임시 정부의 수립이 연합통신을 통해 전 세계에 보도되어 가장 강력한 임시정부로 부각되었다. 상하이 임시정부 수립 당시에는 조동호, 여운형, 손정도, 조소앙, 이시형, 이회영, 이동녕, 김규식 등 총 30명이 참여하였다.

임시 의정원의 의장에는 이동녕, 부의장에는 손정도를 선출하였다. 이승만을 국무총리에 추대하였고 내무 총장에 안창호, 외무 총장에 김규식, 군무 총장에 이동휘, 재무 총장에 최재형 등 6부의 총장을 임명하였다. 6월 11일에는 이승만을 임시 대통령으로 선출하고 9월 6일 노령 정부와 통합한 후 제1차 개헌을 거쳐 대통령 중심제인 대한민국 임시

정부를 수립하였다.

제1차 개헌은 삼권 분립을 지향하였으나 임시정부 대통령에 취임한 이승만이 대통령 중심제로 운영하면서 대통령 독주라는 정치 혼란을 낳았다.

1925년에는 제2차 개헌을 단행하여 국무령을 수반하는 의원 내각제를 채택하였다. 이듬해 9월에 임시 대통령제를 폐지하고 정부의 형태는 대부분 의원 내각제를 따랐다.

임시정부의 헌법은 1927년 제3차, 1940년 제4차, 1944년 제5차 등 총 다섯 번에 걸쳐 개정되었다. 이후 대한민국 임시정부는 1945년 8·15 광복 때까지 상하이, 항저우, 광저우 등지로 청사를 옮기며 광복 운동을 전개하였다.

대한민국 임시정부는 1946년 1월 8일 대한민국 건국 강령을 발표하고 2월에는 8·15 광복 이후 소집된 비상 국민 회의가 임시 의정원의 직능을 이어받았다. 이듬해 3월 대한독립촉성국민회가 대한민국 임시정부를 법통 정부로 봉대할 것을 국민 의회에 건의하였으나 장덕수 암살 사건을 계기로 임시정부의 지도 세력은 분열되었다.

그 후 1948년 8월 15일 이승만은 대한민국 정부를 수립하고 대한민국 제1대 대통령에 취임하였다. 대한민국 임시정부의 내각과 정책이 8·15 광복 이후까지 계승되지는 못하였으나, 임시정부의 지도 이념인 자유주의와 삼균주의 이념은 1948년 대한민국 헌법에 반영되어 광복 한국의 기초 이념이 되었다.

대한민국 임시정부는 서울에서 수립되었다는 점, 국민 대회라는 국민적 절차에 의해 수립되었다는 점, 정부 조직과 각료 구성의 짜임새가 뛰어났다는 점에서 큰 의의가 있다.

1894년 4월 13일

한의학자 이제마, 『동의수세보원』 완성

1894년 4월 13일 조선 후기의 한의학자 이제마가 사상 의학을 집대성한 『동의수세보원東醫壽世保元』을 완성하였다.

이 책은 활자본으로 1894년 일부 간행된 후 계속 증보되다가 이제마가 죽자 제자인 김영관, 한목연 등이 유고를 정리하여 1901년 완간하였다.

사상 의학이란 『주역』의 태극설인 태양, 소양, 태음, 소음의 사상을 인체에 적용한 것이다. 그 기질과 성격에 따라 인간을 4가지 형으로 나누고 그에 따른 적합한 치료 방법을 제시한 것으로, 사상 체질 의학이라고도 한다. 즉 질병 치료에 있어 병증보다는 체질에 중점을 두고 그 치료 방법을 달리해야 한다는 것이었다.

이 학설은 종래의 음양오행설이 아니라 임상학적인 방법에 따라 환자의 체질을 중심으로 치료 방법을 제시한 획기적인 학설로 평가받았다.

1987년 4월 13일

전두환 대통령, 4 · 13 호헌 조치 발표

1985년 2월 12일 제12대 국회의원 총선 이후 전두환 대통령의 독재 정치에 반발하여 대통령 직선제 개헌을 주장하는 움직임이 시작되었다. 이듬해 2월 신한민주당이 1,000만 개헌 서명 운동에 돌입하면서 이 논의는 더욱 확산되었다.

개헌 논의는 집권 여당인 민주정의당이 의원 내각제를, 야당은 대통령 직선제를 주장함에 따라 처음부터 난항을 거듭하였다. 그러던 중 1987년 1월 14일 박종철이 치안 본부 남영동 대공분실에서 조사를 받다 사망한 사건이 발생하자 국민들의 민주화 요구와 대통령 직선제 개헌 논의는 더욱 거세게 일어났다.

그러자 1987년 4월 13일 전두환 대통령은 국민들의 민주화 요구를 거부하고 일체의 개헌 논의를 중단시킨 이른바 '4·13 호헌 조치'를 발표하였다.

이 조치가 발표되자 전국에서 장기 독재 정권을 비난하고 개헌을 요구하는 목소리가 커졌고 연일 시위가 계속되었다. 또한 앞서 당국이 발표했던 내용과는 달리 박종철이 고문치사로 인해 사망한 사실이 밝혀져 국민들의 시위는 더욱 격렬해졌다.

1987년 6월 10일 전국 18개 도시에서 대규모 가두집회가 열렸다. 이에 전두환 정권은 4·13 호헌 조치를 철회하였다. 6월 29일에는 노태우 민정당 대표가 기자회견을 통해 대통령 직선제 개헌 요구를 수용하였다. 이른바 6·29 선언이었다.

이로써 5년마다 국민의 손으로 대통령을 직접 선출하는 대통령 직선제가 도입되었다.

* 1987년 1월 14일 '박종철, 고문으로 사망' 참조
* 1987년 6월 10일 '6월 민주화 항쟁이 시작되다' 참조

1865년 4월 13일

경복궁이 중건되다

경복궁은 도성의 북쪽에 있다고 하여 북궐北闕이라고도 불렸다.

'경복景福'은 왕과 그 자손, 온 백성들이 태평성대의 큰 복을 누리기를 축원한다는 뜻으로 태조 이성계의 즉위 3년째 되던 해인 1394년 창건되어 이듬해 완성되었다. 조선 초기에는 정궁으로 사용되었는데 당시 궁의 규모는 390여 칸으로 그리 크지는 않았다.

그러나 1592년 임진왜란 당시 경복궁은 화재로 완전히 전소되었다. 이후 경복궁의 복구 문제가 논의되었으나 실행에 옮기지는 못하였다.

그 후 약 270년이 흐른 뒤인 1865년 4월 13일 흥선 대원군의 왕권 강화 정책에 따라 비로소 경복궁의 중건이 시작되었다. 그 규모는 7,225칸 반으로 후원에 지어진 전각은 융문당을 포함하여 256칸, 궁성 담장의 길이는 1,765칸이었다.

1868년 경복궁이 복원되자 그해 7월 고종은 창덕궁에서 경복궁으로 거처를 옮겼다. 그러나 1895년 명성황후가 이곳에서 시해당하는 사건이 벌어지자 고종은 이듬해 2월 러시아 공관으로 다시 거처를 옮겼다. 이후 고종은 덕수궁으로 환궁하여 경복궁은 왕궁으로서의 기능을 상실하고 말았다.

* 1895년 10월 8일 '일본의 남인들, 명성황후를 시해하다' 참조
* 1896년 2월 11일 '고종과 왕세자, 아관 파천 단행' 참조

4월의
모든 역사

4월 14일

■
■
■

1592년 4월 14일

임진왜란이 시작되다

임진왜란은 선조 25년인 1592년부터 1598년까지 두 차례에 걸친 왜군의 침략으로 일어난 전쟁을 말한다. 1597년의 제2차 침략을 따로 정유재란이라고 부르기도 한다.

1583년 어느 날 율곡 이이는 경연 자리에서 "10년이 못 가서 국토가 붕괴되는 화가 있을 것이니 미리 10만 병력을 양성하여 고성에 2만 명, 각 도에 1만 명씩 배치하소서."라고 국왕에게 간청하였다. 그러나 당시 조선의 양반들은 당파 싸움을 일삼으며 국방을 소홀히 하였기에 율곡의 이런 주장을 귀담아 듣지 않았다.

그로부터 10년 뒤인 1592년 일본군이 20여만 명을 동원하여 조선을 침략하였으나 조선은 전연 무방비 상태였다.

　1592년 4월 14일 고니시 유키나가를 선봉으로 하는 700여 척의 왜군 병선이 부산포 앞바다에 등장함으로써 7년에 걸친 일본의 조선 침략이 시작되었다.

　조선 침략은 당시 일본 대륙을 통일한 도요토미 히데요시의 무사 견제책의 일환이었다. 오랜 전란을 겪는 동안 양성된 무사 세력들이 봉건 영주화하여 도요토미 세력을 위협하였기 때문이다.

　도요토미 히데요시는 이들의 관심을 전장으로 돌려 불만을 무마시키고 더불어 한반도와 명나라까지 그 손아귀에 넣고자 하였다. 그들은 '명나라를 치러 갈 테니 길을 빌려 달라征明假道'고 요구하면서 조선 침략을 정당화하였다.

　왜군과 제일 먼저 맞부딪친 곳은 부산진이었다. 왜군은 짙은 안개에 싸인 부산성을 겹겹이 포위하였다. 부산진에서는 병사들과 민간인까지 합쳐 결사 항전하였지만 역부족이었다. 해질 무렵 첨사 정발이 조총에 맞아 쓰러졌고 결국 부산진은 와해되었다. 이들은 조총이라는 신무기 앞에서 그야말로 가을날에 떨어지는 낙엽 같았다. 당시 조정에서 왜군의 침입을 알리는 급보 내용에 조총을 표현할 길이 없어 '고목나무 작대기 하나가 사람을 향하기만 하면 사람이 죽었다.'고 적혀 있었다.

　부산진성을 손에 넣은 왜군은 다시 2만 명의 정예 부대를 휘몰아 동래성으로 진격하였다. 동래성에는 부사 송상현이 성과 운명을 같이하기로 맹세하고 일전을 기다리고 있었다. 왜군은 "싸우지 않으려면 우리에게 길을 빌려 달라."고 했으나 송상현은 "싸워서 죽기는 쉬운 일이다. 그러나 길을 빌려 주는 것은 어렵다."라며 결코 물러서지 않았다.

　송상현은 군사들을 독려하여 분투하였으나 결국 성이 함락되어 휘하의 모든 장병과 함께 전사하였다.

당시 왜군은 약 20만 명으로 전체 3군으로 편성되어 있었다. 부산을 함락시킨 왜군은 곧바로 서울로 진격하였다. 고니시 유키나가를 대장으로 하는 제1군은 중로를 택하여 양산, 밀양, 대구, 안동, 상주, 문경 등을 거쳐 충주에 이르렀고, 제2군은 가토 기요마사가 인솔하여 경상좌도를 택하여 울산을 함락하고 경주, 영천, 군위를 거쳐 충주에서 제1군과 합세하였다. 제3군은 동래에서 김해로 침입하여 경상우도를 따라 올라와 성주를 지나 추풍령을 넘어 북상하였다.

왜군이 침입하였다는 급보가 조정에 알려지자 이일을 순변사로, 성응길을 좌방어사로 임명하여 충주 방면을 방비하도록 하였다. 또한 신립을 도순변사로 삼아 이일의 뒤를 이어 보내고 유성룡을 도체찰사로 삼아 제장諸將을 검독하게 하였다.

그러나 이일은 상주에서 대패하였고 신립은 충주 탄금대에서 적과 싸우다가 죽었다. 파죽지세로 밀고 올라온 왜군은 부산포에 상륙한 지 20일 만에 서울을 점령하였다.

선조는 연이어 들려오는 패전 소식에 당황하여 비빈 및 세자, 백관들과 함께 도성을 버리고 피난길에 올랐다. 고니시 유키나가의 군대는 한양을 함락한 후 다시 2군으로 나누어 북상하였다. 고니시 유키나가의 군대는 6월에 평양을 점령하였고 가토 기요마사 군대는 회령에서 두 왕자를 붙잡고 함경도 일대를 정복하였다.

한편 육지에서 연패하는 동안 바다에서는 전라 좌수사 이순신이 눈부신 활약을 하고 있었다. 1차는 옥포, 2차는 사천, 당포, 3차는 한산섬 앞바다, 4차는 부산해전에서 일본의 수군을 대파하여 해상 제해권을 완전히 장악하였다. 이와 함께 전국 각지에서는 양반, 농민, 노비, 승려 등이 일어나 일본의 배후를 공격하였다. 곽재우, 고경명, 조헌, 김천일 등을 지도자로 하는 의병의 수는 관군의 4분의 1이나 되었으며 이들은 전국 곳곳에서 혁혁한 전공을 세웠다.

선조의 구원 요청으로 명나라의 장수 이여송이 4만 5,000명의 지원 군을 이끌고 조선에 이르자 전세는 전환되었다. 명나라군과 관군 그리고 의병들까지 힘을 합쳐 결국 1593년에 평양성을 탈환하였다.

왜군은 점차 수세에 몰리기 시작하였고 결국 명나라와 일본 사이에 강화 회의가 열렸다. 강화 회의는 지지부진하여 5년 동안이나 계속되었다. 도요토미 히데요시는 명나라에 첫째는 명나라 황녀를 일본의 후비로 삼게 할 것, 둘째는 감합인(勘合印)을 복구할 것, 셋째는 조선의 8도 중 4도를 할양할 것, 넷째는 조선의 왕자 및 대신 12명을 인질로 삼을 것 등 모두 7개 조항을 요구하였다.

명나라가 이 같은 요구를 받아들이지 않자 도요토미 히데요시는 선조 30년(1597)에 재차 조선 침입을 명하였다. 제2차 침입으로 이른바 정유재란이다. 그러나 1598년 8월 도요토미 히데요시가 병사하자 왜군은 완전히 퇴각하였고 그해 12월 비로소 전란은 끝이 났다.

이 전란으로 조선은 7년 동안이나 전쟁터였다. 인명 피해는 물론이고 조선의 전 국토가 초토화되었다. 이때 경복궁을 비롯해 건축물과 서적, 미술품 등 많은 문화재가 불타거나 훼손되었으며 수많은 전쟁 포로들이 일본으로 끌려갔다.

임진왜란은 조선뿐 아니라 중국, 일본 등 동양 3국을 뒤흔든 대전란이었다. 이 전란을 치른 후 중국은 국력이 쇠약해져 명나라가 멸망하고 청나라가 세워졌다. 일본 또한 도요토미 히데요시 가문이 몰락하고 도쿠가와 이에야스가 정권을 잡았다.

* 1592년 4월 26일 '신립, 충주 탐금대에 배수진을 치다' 참조
* 1592년 4월 30일 '임진왜란으로 선조 피난' 참조

2004년 4월 14일

13세기 마르코 폴로의 여행 지도 공개

동해의 명칭이 처음 국제 사회에 문제가 된 것은 1992년이다. 한국 정부는 제6차 유엔지명표준화회의UNCSGN에서 'Sea of Japan(일본해)'이라는 국제적 명칭에 공식적으로 이의를 제기하였다.

원래 19세기 초 서양 지도의 대부분은 동해를 한국해로 표기하였다. 문화체육관광부에 따르면 서양 고지도 594점 중 전체 71%에 달하는 420점이 동해나 한국해 등으로 명기하였다고 한다. 18, 19세기에 만들어진 일본 지도들조차 조선해로 표기하고 있었다.

그러나 메이지 유신으로 상황은 변하기 시작하였다. 일본의 국제적 역할이 강화되면서 동해는 점점 일본해로 대체되었던 것이다. 이 때문에 13세기 서양인들이 동해를 '동쪽 바다'로 불렀음을 알 수 있는 지도의 발견은 그 의미가 특별하다.

마르코 폴로의 여행 지도

2004년 4월 14일 국사편찬위원회는 '13세기 마르코 폴로의 여행 지도'라는 제목의 지도를 공개하였다. 이 지도는 가로 30cm, 세로 19cm의 크기로 1744년 영국의 지도 제작자인 해리스가 만든

것으로 추정되는데 한반도를 고려 왕국K. of Corea, 한반도와 일본 열도 사이의 바다를 동해Eastern Sea라고 표기하였다.

가장 중요한 점은 이 지도가 13세기에 원나라를 여행했던 마르코 폴로의 여행기를 바탕으로 삼고 있다는 것이다. 이를 통해 역추적하면 지금은 전해지지 않는 『동방견문록東方見聞錄』의 판본이나 당시의 다른 자료에도 동해와 같은 명칭이 사용되었던 것이 분명함을 알 수 있다.

1702년 4월 14일

백두산 화산 분화

백두산은 한국에서 제일 높은 산으로 높이는 해발 2,744m이다.

백색의 부석浮石이 마치 흰 머리와 같다하여 백두산이라 부르며 산 정상에는 칼데라 호인 천지天池가 있다.

숙종 28년인 1702년 4월 14일 백두산에서 화산이 분화하였는데 이 사실은 『조선왕조실록朝鮮王朝實錄』에서 찾아볼 수 있다. 이 외에도 1413년, 1420년, 1597년, 1668년 등 여러 차례 백두산의 화산 폭발을 추정할 수 있는 기록을 찾아볼 수 있는데 그 내용은 다음과 같다.

세종 2년(1420) 5월 천지의 물이 끓더니 붉게 변하였다. 소 떼가 크게 울부짖었고 이러한 현상은 열흘 이상 지속되었다. 검은 공기는 인근 지역으로 가득 퍼졌다.

현종 9년(1668) 4월 한양과 함경도 등 일대에 검은 먼지가 하늘에서 쏟아져 내렸다.

백두산은 1903년 마지막으로 분화한 후 약 100년간 화산 활동을 멈췄다.

2003년 4월 14일

『삼국유사』, 국보로 승격

2003년 4월 14일 서울대학교 규장각에 소장되어 있는『삼국유사三國遺事』가 국보 제306-(2)호로 승격되었다.

『삼국유사』는 고려 후기의 고승 일연이 1281년에 편찬한 역사서로 2002년 10월 19일 보물 제419호로 지정되었다가 이날 국보로 승격된 것이다.

규장각에 소장된『삼국유사』는 원래 동국대학교 교수이자 사학자였던 황의돈이 소장했던 것으로 뒤에 통문관을 거쳐 서울대학교로 이관된 것으로 알려져 있다. 본문 전체를 일일이 배접하고 격자 문양의 한지로 개장한 표지 위에 큰 글씨로 '삼국유사'라 묵서되어 있다.

이 책은 현재 학계에 가장 널리 알려진 조선 중종 7년(1512) 경주 간행(중종 임신본)『삼국유사』중 낙장이 없는 유일한 책인 동시에 같은 판본 중에서도 인출 시기가 가장 빠른 본으로 평가된다.

1967년 4월 14일

관세 및 무역에 관한 일반 협정, 국내에서 공식 발효

1967년 4월 14일부터 관세 및 무역에 관한 일반 협정GATT이 국내에서 정식으로 효력을 발휘하게 되었다.

GATT는 1948년 관세, 수출입 규제 등의 무역 장벽을 제거하려는 목적에서 발족되었다.

우리나라는 72번째 GATT 가입국이 되었으며 정부는 이에 따라 총 73개 국가에 대해 최혜국 대우를 하고 GATT 가입 때 양허한 수입 품목에 양허 세율을 적용하도록 지시하였다.

GATT는 자유 무역의 뼈대로 다국 간의 관세 문제를 교섭하였으며 그 결과 평균 관세 인하율 35%라는 성과를 올렸다. 그러나 1994년 12월 6일 GATT는 막을 내리고 이듬해인 1995년 1월 1일 세계무역기구WTO가 출범하였다.

1983년 4월 14일

대도 조세형 탈주

1983년 4월 14일 절도 혐의로 기소되어 있던 대도 조세형이 탈주하였다.

당시 조세형은 서울 형사 지방 법원에서 결심 공판을 마치고 서울 구치소 3층에 입감되어 있었다. 그는 교도관이 잠시 2층으로 내려간 사이 문을 차고 밖으로 나와 한쪽 수갑과 포승줄을 푼 뒤 복도 벽에 붙어 있던 환풍기를 뜯고 그 구멍을 통해 도주하였다.

조세형은 1970년대 말부터 1980년대 초까지 재벌 회장을 비롯해 부유층과 권력층만을 대상으로 각종 귀금속과 수억 원 대의 현금을 훔치는 등 대담한 절도 행각을 벌여 이른바 대도라 불렸다. 1982년 검거 당시 이미 절도 전과 11범이었다.

조세형은 탈주 후에도 절도 행각을 계속하였으나 탈주한 지 5일 만인 4월 19일 서울 장충동에서 시민의 신고로 출동한 경찰의 총알에 맞아 검거되었다.

이후 조세형은 징역 15년을 선고받고 청송 교도소에 수감되었다가 1998년 11월 출소하였으나 2001년 1월 일본에서 또다시 절도 행각을 벌이다 일본 경찰에게 검거되었다.

___

2004년 4월 14일

통일 신라 시대의 어린이 유골 발견

___

2004년 4월 14일 경북 경주시 인왕동 국립 경주 박물관 미술관 신축 예정지의 왕궁 터 유물에서 7, 8세가량으로 추정되는 어린이의 인골이 출토되었다.

이 유골은 1,300년 전 통일 신라 시대의 것으로 깊이 10.27m의 우물 안에서 발견되었다. 이 외에도 소의 상반신 유골 등 동물의 뼈가 함께 출토되었으며 우물을 인위적으로 메운 흔적도 발견되었다.

우리나라에서 어린이의 유골이 완전한 상태로 발견된 것은 처음으로
이로써 어린이를 산 제물로 바치는 인신 공양의 가능성이 제기되었다.

4월의
모든 역사

4월 15일

.
.
.

1412년 4월 15일

경회루가 완공되다

경회루慶會樓는 경복궁 서북쪽 연못 안에 있는 누각으로 조선 시대에 연회를 베풀던 곳이다.

현재의 경회루는 고종 4년(1867) 4월 20일에 새로 지은 것으로 단일 평면으로는 우리나라에서 가장 규모가 큰 2층 누각 건물이다.

경회루는 남북으로 113m, 동서로 128m의 네모반듯한 섬 위에 세워졌다. 연못 둘레에는 석연지, 연화대 등의 석조물이 있으며 경회루 난간과 돌다리 기둥에는 여러 가지 형상의 짐승들이 조각되어 있다.

1985년 1월 8일 국보 제224호로 지정되었으며 정식 명칭은 '경복궁 경회루景福宮 慶會樓'이다.

달빛이 밝은 어느 날 교서관 정자로 근무하는 구종직이 숙직을 하게 되었다. 그는 이전부터 경회루의 경치가 뛰어나다는 말을 듣고 몰래 그곳 다락에 올라갔다. 이리저리 거닐며 달밤의 풍치를 즐기다가 마침 산책을 나온 세종과 부딪히고 말았다.

구종직이 놀라 어찌할 바를 모르는데 세종이 경회루에 잠입한 연유를 물었다. 구종직이 사실대로 고하자 세종은 그에게 "경전을 외울 줄 아느냐?"고 물었다. 구종직이 그 자리에서 『춘추』를 줄줄 외우자 세종이 크게 감탄하여 술까지 내렸다. 그리고 다음 날 특명을 내려 부교리副校理에 승진시켰다. 가히 왕과 신하가 덕으로 만난 경회루라 할 만하다.

서울에는 이른바 '5대 고궁'이 있다. 경복궁, 창덕궁, 창경궁, 덕수궁 그리고 경희궁이 그것이다. 혹자는 경희궁 대신 종묘를 5궁에 포함시키지만 종묘를 궁궐로 보는 것은 무리가 있다. 그중 경복궁은 서울의 주산인 북악산의 품에 안겨 있는 조선의 정궁이다.

태조 이성계는 1394년 한양으로 천도할 것을 결정하고 신속히 새로운 도성 건설에 착수하였다. 이듬해 9월 종묘와 대궐이 먼저 완성되자 정도전은 새 대궐의 이름을 '큰 복을 누린다'는 뜻으로 경복궁이라 하였다.

경복궁은 왕이 사는 곳이니 만큼 그 부속 건물도 많았다. 왕이 조회를 행하던 근정전, 왕의 침실에 해당하는 강녕전, 왕이 평소 집무하는 사정전, 왕이 잔치를 베푸는 연회장인 경회루 등이 그것이다.

이 가운데 경회루는 방문객들에게 가장 사랑 받는 명소가 되었다. 경복궁을 찾게 되면 대개는 경회루에 들러 그 건물의 자태와 주변의 풍치를 감상한다. 설사 지금껏 실물을 보지 못한 사람이더라도 그림을 통해서 날마다 만나고 있다고 할 수 있다. 바로 1만 원짜리 지폐의 뒷면을 장식하고 있는 건물이 바로 경회루이기 때문이다.

태조 때 처음 경복궁을 지으면서 경회루는 그 서쪽에 지었다. 당시에는 지금처럼 건물이 웅장하지 않았으며 그저 조그만 다락집에 불과했다. 그 후 경복궁 제거사提擧司에서 경복궁 서쪽의 다락집이 기울어 위태롭다고 보고하자 태종 12년(1412)에 수리에 들어갔다.

공조 판서 박자청이 그 책임을 맡아 터를 좀 더 서쪽으로 옮기고 넓은 터전에 전보다 훨씬 큰 건물을 세웠다. 또 땅에 물이 스미는 것을 우려하여 둘레에 연못을 팠다. 많은 사람들이 연못 속에 큰 집을 짓는 것을 반대하였지만 박자청은 묵묵히 밀고 나갔다.

새 건물이 완성되자 태종은 종친과 공신, 원로 들을 불러 그 기쁨을 함께 나누었다. 새 건물의 이름으로 여러 가지가 건의되었다. 태종은 경회, 납량, 승운, 과학, 소선, 척진, 기룡 중에서 한참을 고민하였다. 결국 하륜의 건의에 따라 '경회慶會'로 결정하였다.

'경회'는 직역하면 '경사가 모인다'는 뜻이지만 단지 거기에만 머물지는 않는다. 올바른 사람들이 모여야 경회가 되므로 이것은 왕과 신하가 서로 덕으로써 만나는 것을 의미하였다.

오늘날의 경회루는 태종 대의 그 건물이 아니라 1867년에 경복궁을 중건할 때 다시 지어진 것이다. 그러나 고요한 연못과 넓은 돌 기단, 아름다운 돌난간, 그리고 각선미가 뛰어난 돌기둥은 거의 옛날 그대로이다. 골격은 처음 그대로인데 뼈와 살만 달리 붙인 것이라고 할 수 있다.

경회루는 정면 7간, 측면 5간으로 구성되어 합이 35간이다. 추녀마루에 있는 짐승 모양의 잡상雜像은 잡귀의 접근을 막기 위해 만들어졌다. 경회루의 잡상은 국내에서 가장 많은 11개로 근정전이나 남대문보다도 그 수가 많다.

기본적으로 경회루는 신하나 사신들에게 잔치를 베푸는 연회장이었다. 그러나 꼭 연회만 벌어졌던 것은 아니었다. 가끔은 왕이 직접 참석하는 과거도 치러졌고 부처에게 기도를 드리는 일도 있었으며 비 내리기를 빌던 기우제도 행해지는 등 다용도로 활용되었다.

광복 후에도 대통령이 이곳에 내외 귀빈을 초대하여 칵테일파티를 벌이기도 했다.

1849년 4월 15일

최양업, 조선인으로
두 번째 신부 사제 서품을 받다

최양업이 1894년 4월 15일 조선인으로는 김대건에 이어 두 번째로 신부가 되었다.

그는 1821년 충청남도 청양에서 태어나 어려서부터 독실한 가톨릭 신자인 부모의 영향을 받았다. 1837년에 프랑스 신부 모방에게 발탁되어 김대건, 최방제 등과 함께 마카오로 건너가 신학교를 졸업하였다.

그 후 여러 차례 귀국을 시도하였으나 1839년 기해박해 이후 가톨릭에 대한 박해가 심하여 실패하였다. 결국 조선에 들어오지 못한 채 1849년 4월 상하이에서 강남교구장 마레스카 주교의 집전으로 신품 성사를 받아 신부가 되었다. 그해 12월 의주를 통해 귀국하여 최초의 신학교인 배론 신학교에서 신학생들을 가르쳤다.

최양업은 12년간 새재를 넘나들며 경기도, 충청도, 강원도, 전라도, 경상도 등의 산간을 땀을 뻘뻘 흘리면서 돌아다니며 전교하다 1861년

6월 새재 아랫마을 어느 주막에서 쓰러져 사망하였다. 김대건 신부를 피의 증거자(순교)라 부르는 데 비해 그를 땀의 증거자(순직)라 지칭하는 것도 이러한 그의 이력에서 비롯된 것이었다. 장례식은 배론 신학교에서 프랑스 신부인 베르뇌 주교에 의하여 거행되었다.

그는 1864년『성교요리문답』『천주성교공과』등의 기도서를 번역하였으며『사향가』『사심판가』『공심판가』등의 천주 가사를 지어 우리나라 천주교의 보급에 힘썼다.

* 1845년 8월 17일 '김대건, 조선인 최초로 사제 서품을 받다' 참조

—

1912년 4월 15일

북한 주석, 김일성 출생

—

김일성은 1912년 4월 15일 평안남도에서 태어났다.

그의 아버지 김형직은 커서 나라의 기둥이 되라는 의미에서 이름을 '성주'라고 지었다. 김일성은 14세에 아버지를, 20세에 어머니를 여의는 등 개인적으로는 큰 불행을 겪었으나 반대로 가족이 없었기 때문에 일체의 회유 공작으로부터 자유로울 수 있었다. 이 같은 성장 과정은 김일성이 만주 지역에서 지도자로 성장하는 데 유리한 조건으로 작용하였다.

그는 창덕학교를 거쳐 1926년 만주로 건너가 이듬해 육문중학교에 입학하여 진보적인 교사들로부터 공산주의 사상을 공부하였고, 조선공산청년회의 멤버로 활동하였다.

1929년 공산주의 청년 동맹의 서기로 활동하다가 그해 10월 일본 관헌에 체포되어 6개월간 복역하였다. 1930년 봄에 출옥하여 이종락이 이끄는 국민부 계통의 조선혁명군 길강 지휘부 대원으로 활동하였으며 이즈음 김일성으로 개명하였다.

1946년 2월 북조선인민위원회의 위원장으로 선출되자 김일성은 공산 정부 수립 전까지 전권을 행사하였다. 1948년 9월 9일에는 김일성을 수상으로 하는 조선민주주의인민공화국을 수립하였다.

1961년 9월에 개최된 제4차 당 대회에서 김일성 중심의 지도 체제가 확립되었다. 이후 1972년 12월에 채택한 「조선 사회주의 헌법」으로 모든 권력이 김일성에게 집중되었다.

1974년 2월부터는 후계 체제를 구축하였으며 이에 따라 아들인 김정일을 후계자로 지명하여 당의 정치 위원과 비서를 겸하게 하였다. 이후 1980년대부터는 모든 정책을 김정일이 직접 주도하였다.

김일성은 1994년 7월 8일 심근 경색으로 갑작스레 사망하였으며 그의 시신은 금수산 기념 궁전에 안치되었다.

* 2011년 12월 17일 '북한 최고의 권력자, 김정일이 사망하다' 참조

1919년 4월 15일

제암리 학살 사건 발생

1919년 4월 15일 이른바 제암리 학살 사건이 발생하였다.

이 사건은 일제가 3·1 운동에 대한 보복으로 제암리 주민들을 무참히 살해한 사건이다.

일제는 만세 운동이 일어났던 경기도 화성시 향남읍 제암리에 제78 연대 소속 헌병 30명을 보냈다. 이들은 마을 주민들을 훈계한다며 밖에서 문을 잠그고 불을 지른 뒤 집단 총격을 가했다. 이것만으로도 부족했는지 아직 생존자가 남아 있는 데도 불구하고 증거 인멸을 위해 교회당에 불을 질러 죄 없는 주민들을 무참히 살해하였다.

결국 교회 건물 안에 있던 21명은 모두 불에 타 죽었고 밖에서 남편들을 살려달라고 애원하던 두 명의 부인마저 일본 헌병들에게 목숨을 잃었다.

1982년 제암리 학살 현장은 사적 제299호로 지정되었다.

1949년 4월 15일

해병대 창설 기념식 거행

1949년 4월 15일 경상남도 진해 덕산 비행장에서 우리나라 해병대의 창설 기념식이 거행되었다.

해병대는 1948년 10월에 발생한 여수·순천 사건을 진압하는 과정에서 그 필요성이 대두되었고 이후 군 수뇌들의 적극적인 추진으로 이루어졌다. 이들은 6 · 25 전쟁 당시 미국의 제1해병사단 병력과 함께 인천 상륙 작전을 비롯한 많은 전투에 참가하여 용맹을 떨쳤다.

해병대는 1973년 10월 국가 시책에 따라 개편되어 해군에 통합되었고 1987년 11월에는 해군에 해병대 사령부를 창설하여 군 행정에 관한 사항들을 관장할 수 있도록 하였다.

—

1967년 4월 15일

서울 YMCA 회관 완공

—

YMCA는 Young Men's Christian Association의 약자로 세계적인 기독교 평신도 운동 단체이다.

YMCA는 1844년 6월, 당시 22세였던 조지 윌리엄스가 산업혁명 전후의 혼란 상태를 개선하기 위해 12명의 청소년들을 모아 친교회를 조직한 것이 그 시초였다. 이후 YMCA는 유럽 각국으로 급속히 퍼져 발전하였으며 오늘날 세계 최대의 청년 운동 단체로 발전하였다.

서울 YMCA는 1903년 구한말 개화파 청년들과 미국 선교사들을 중심으로 설립된 황성 기독교 청년회가 모태이다.

서울 YMCA 회관의 건물은 1967년 4월 15일 완공되었으며 서울 YMCA를 시작으로 현재 40여 개의 지방 도시에 YMCA가 설립되었다.

4월의
모든 역사

4월 16일

.
.
.

958년 4월 16일

과거제가 실시되다

과거제科擧制는 시험을 치러서 관리를 뽑는 제도로 중국에서는 수나라 때 가장 먼저 실시되었으며 우리나라에서는 고려 광종(재위 : 949~975) 대에 쌍기의 건의로 처음 도입되었다.

고려 시대의 과거는 제술업, 명경업, 잡업으로 나뉘는데 법제에서는 양인 이상은 누구나 시험에 응시할 수 있었다. 주로 귀족과 향리의 자제는 제술과와 명경과에 응시하였으며 백정과 농민은 주로 잡과에 응시하였다.

아직도 우리 사회에는 고시 패스가 출세를 상징하는 강력한 언어로 남아 있다. 1,000명을 뽑는 사법 고시에 무려 3만 명이 몰리는 것도 그 때문이다. 이쯤 되면 '고시 광풍'이라는 표현이 딱 어울린다.

사실 단 한방에 인생을 역전시킬 수 있다는데 구미가 당기지 않을 리 없다. 이 점에서 인생 역전을 구호로 대박을 터뜨렸던 로또 복권과 유사한 측면이 있다. 다만 로또가 철저히 행운에 기대고 있지만 고시는 실력으로 승부한다는 점이 다르다.

고시는 신분이 아닌 개인의 능력을 평가하여 인재를 선발하는 제도이다. 빈부의 격차 같은 장애물이 있기는 하지만 이론적으로는 모든 국민이 시험에 응시할 수 있다.

이러한 고시는 중국의 과거제에 그 뿌리를 두고 있다. 587년 수나라의 황제 문제가 구품관인법九品官人法을 폐지하고 시험으로 관리를 등용한 것이 그 시작이었다. 여기에는 귀족들의 세력을 억누르고 황제의 권력을 강화하기 위한 목적이 있었다. 수나라의 과거제는 이후 잦은 왕조의 교체에도 불구하고 청나라 때까지 지속되었다.

우리나라에서는 신라 원성왕 대에 독서삼품과讀書三品科가 설치되어 관리를 뽑기도 하였지만 골품제의 제약으로 큰 효과를 거두기는 힘들었다. 그러다가 고려 광종 대에 이르러 후주에서 귀화한 쌍기의 건의로 비로소 과거제가 시행되었다.

쌍기는 후주에서 벼슬을 하다 956년 후주의 책봉사 설문우를 따라 고려에 들어왔다. 마침 병이 들어 왕궁에 머물게 되었는데 이때 광종이 그를 불러 보고는 그 재주와 식견에 탄복하였다. 쌍기가 욕심이 난 광종은 후주에 연락하여 그의 귀화를 요청하였고 후주도 승낙하였다. 쌍기는 곧 한림학사翰林學士로 등용되었고 다시 1년도 안 되어 학문과 관련된 업무를 총괄하게 되었다. 호족들의 반발이 만만치 않았지만 광종은 개의치 않았다.

광종 9년(958)에 쌍기는 고려에서도 과거제를 실시할 것을 처음으로 건의하였다. 광종이 이를 받아들이면서 쌍기를 지공거知貢擧로 임명하고 그해 4월 16일 과거를 실시하였다. 이때 시 · 부 · 송 · 책으로 시험하여 진사 갑과에 2명, 명경과에 3명, 복업과에 2명을 선발하였다.

이것이 우리 역사 최초의 과거 시험이었다. 쌍기는 이후에도 여러 차례 과거를 주관하며 후진들의 학문을 권장하였다.

과거제가 처음 실시되고 얼마 동안은 그 절차가 비교적 간단하였다. 중앙의 국학생이나 지방의 향공 모두 예비 시험 없이 직접 과거를 치를 수 있었기 때문이다.

그러나 점차 체제의 기반이 잡히면서 과거제 또한 복잡해졌다. 향공의 숫자도 지역의 크기에 따라 제한하는가 하면 예비 시험을 거쳐 본시험인 예부시에 응시할 수 있도록 규정하였다.

과거의 종류를 살펴보면 제술과와 명경과, 그리고 잡과로 나누어진다. 제술과는 시 · 부 · 송 · 책 등을, 명경과는 예기나 춘추 등의 유교 경전을, 그리고 잡과는 의술, 지리, 산학, 율학 등의 기술 관련 과목에 대해 시험하였다. 그러나 무관을 뽑는 시험은 따로 실시하지 않았다.

그런데 광종은 왜 전에 없던 과거제를 도입하게 되었을까?

그것은 당시 국내의 정치 상황과 밀접한 관련이 있다. 고려는 건국 이래 무장 호족들의 세력이 매우 강해 왕권은 늘 불안한 상태였다. 이 때 광종은 쌍기가 건의한 과거제가 호족들의 세력을 약화시킬 것이라고 판단하였다. 과거제는 권력의 줄이나 혈연의 끈이 아니라 개인의 능력으로 관리를 선발하기 때문이다. 이는 기득권층의 관직 세습을 막고 동시에 새로운 정치 세력을 만들 수 있는 것이었다.

즉 과거제의 시행으로 호족들은 노비안검법奴婢按檢法에 이어 또 한 번 타격을 받을 수밖에 없었다.

1898년 4월 16일

백두산 정계비 조사 지시

조선과 청나라 사이에 국경 분쟁이 심해지자 양국은 이를 해결하기 위해 숙종 38년(1712)에 백두산 천지 동남쪽 4km 지점에 정계비를 세웠다. 이로써 두 나라의 경계는 서쪽은 압록강, 동쪽은 토문강이 되었다. 그러나 이 정계비는 청나라가 일방적으로 그은 경계에 세워졌으며 토문강에 대한 해석의 차이로 분란의 씨앗을 내포하고 있었다. 조선인들에게 토문강은 송화강 상류였으나 청나라는 토문강을 두만강으로 해석했기 때문이다.

1881년 청나라가 본격적으로 간도 개척에 나서면서 두만강 북쪽에 있는 조선인들을 소환하라고 요구하면서 이러한 우려는 현실로 나타났다. 이에 조선은 정계비 주변을 답사하고 토문강이 송화강 상류임을 재차 확인한 후, 청나라와 이른바 감계담판을 시도했으나 의견 차를 좁히지 못하였다. 1897년 함경북도 관찰사가 간도 문제를 시급히 해결해 달라고 조정에 요청하면서 간도 문제는 정치 쟁점이 되었다.

마침내 1898년 4월 16일 조선 정부는 함경북도 경원 군수 박일헌 등을 보내 정계비와 토문강 문제를 조사하도록 재차 지시하였다. 답사대가 보내온 보고 역시 간도가 우리의 영토라는 것이었다.

1902년 청나라가 쇠락의 길을 걷게 되자 조선은 일방적으로 간도 주민들을 우리 국적에 올림으로써 간도를 사실상 우리 영토로 편입시켰다. 그러나 1909년 일본이 남만주 철도 부설권을 얻는 대신 간도의 소유권을 청나라에 넘기면서 간도는 다시 우리로부터 멀어지게 되었다.

1996년 4월 16일

한미 양국 정상, 한반도 3원칙 합의

1996년 4월 16일 한미 양국의 정상은 한반도 평화 문제에 관하여 일절 북한과 직접 협의하지 않는다는 이른바 '한반도 3원칙'에 합의하였다.

우리나라의 김영삼 대통령과 미국 클린턴 대통령은 이날 제주도에서 정상회담을 갖고 그동안 북한이 끊임없이 주장해 왔던 북-미 평화 협정 체결 주장과 관련하여 제시된 3가지 원칙에 합의하였다. 이 3가지 원칙의 내용은 다음과 같다.

1. 한반도 평화 문제와 미-북 양자 간 대화 문제는 분리하여 처리한다.
2. 한반도 평화 문제는 미국이 앞장서지 않고 한국이 주도한다.
3. 미국은 한반도 평화 문제에 관하여 일절 북한과 직접 협의하지 않는다.

한미 정상이 합의한 원칙은 새로운 내용은 아니었으나 앞으로 미국이 한반도 문제와 관련하여 북한과 직접 협의하지 않을 것을 다시 한 번 분명히 한 것이었다.

1971년 4월 16일

통일혁명당 재건 간첩단 11명 검거

1968년 중앙정보부는 대규모 간첩단인 통일혁명당 사건을 발표하였다. 김종태 등 158명으로 조직된 간첩단은 북한의 대남사업총국장 허봉학의 지령의 받고 남한에 남파되어 통일혁명당을 조직하고 지식인, 청년, 학생 등을 대량으로 포섭하여 정부 전복을 기대하였지만 실패하였다. 조직원 158명은 모두 검거되었으며, 그중 김종태를 비롯한 4명은 사형이 확정되었다.

그후 1971년 호남 지역에서 통일혁명당의 재건이 시도되었다. 이들의 목적은 호남에 당 지도부를 구성하여 지하당을 조직하여 적화 통일을 이룩하는 데 있었다.

이에 정부는 1971년 4월 16일부터 통일혁명당 재건 간첩단 11명을 검거하기 시작하였다. 그중 유낙진은 보성의 예당종합고등학교 교사로 광주를 중심으로 활동하였으며 기세문, 김행백 등은 고정간첩이었다.

두 번에 걸쳐 기도되었던 이른바 통일혁명당 간첩 사건은 6 · 25 전쟁 이후 최대 규모의 간첩단이었다.

2003년 4월 16일

고구려 장천 1호 고분 도굴한 조선족 3명에게 사형이 집행되다

2003년 4월 16일 고구려 장천 1호분의 벽화를 도굴한 조선족 3명에게 사형이 집행되었다.

이들은 1997부터 2000년까지 총 7차례에 걸쳐 중국 길림성 집안에 있는 고구려 시대의 고분인 장천 1호분을 훔쳐 한국인에게 팔아넘긴 혐의로 검거되었다.

장천 1호분 벽화는 고구려 시대의 고분 벽화 중에서도 최고 수준을 자랑한다. 이 때문에 그동안 5세기 고구려의 생활 풍속과 신앙생활, 국제적인 교류 관계 등을 한눈에 보여 주는 생생한 역사 자료로 평가되었다. 하지만 이 사건 발생 이후로 거의 볼 것이 없게 되었다.

4월의
모든 역사

4월 17일

.
.
.

—

1937년 4월 17일

시인 이상, 도쿄에서 눈을 감다

—

나는 불현듯이 겨드랑이가 가렵다.

아하 그것은 내 인공의 날개가 돋았던 자국이다.

오늘은 없는 이 날개, 머리 속에서는 희망과 야심의 말소된 페이지

가 딕셔내리 넘어가듯 번뜩였다.

나는 걷던 걸음을 멈추고 그리고 어디 한번 이렇게 외쳐보고 싶었다.

날개야 다시 돋아라.

날자 날자 날자 한 번만 더 날자꾸나.

한 번만 더 날아 보자꾸나.

-이상,「날개」

1934년 7월 24일 「조선중앙일보」에 파격적인 시 한편이 실렸다.

'13인의 아해가 도로로 질주하오'로 시작되는 이상의 「오감도」였다. 신문사는 그야말로 난리였다. 독자들로부터 온갖 비난과 항의가 쏟아졌기 때문이다. 어떤 독자는 시의 형식과 내용을 떠나 오감도烏瞰圖의 한 자를 가지고 시비를 걸기도 했는데 오감도가 아니라 조감도鳥瞰圖라는 것이었다.

이상의 작품은 그 내용 자체보다도 해석의 어려움으로 인해 더 유명하다. 1930년대 한국인들을 발칵 뒤집어 놓았던 「오감도」는 지금까지도 수많은 해석이 진행 중이다.

이때 「오감도」의 연재를 기획했던 사람은 이 신문사의 학예 부장이었던 이태준이었다. 그는 당시 "좀 더 기다려 보세. 원래 시대를 앞서가는 예술가들은 비난받는 게 일 아니던가."라며 이상을 격려하였다. 하지만 오감도가 불러 올 사회적 파문을 예견하고 그 자신은 호주머니에 늘 사표를 넣고 다녔다.

이태준의 소신으로 「오감도」는 다음 달 8일까지 15회 연재되었지만 독자들의 항의는 끝없이 이어졌다. 이에 신문사는 두 손을 들고 연재를 중단하였다.

이상은 1910년 서울에서 태어나 3세 되던 해 부모를 떠나 큰아버지 슬하에서 성장하였다. 그는 시인과 소설가로 널리 알려져 있지만 사실 그림 쪽에 먼저 재능을 보였다. 이상은 8세 때 담배 '칼표' 껍질에 나오는 그림과 목단 열 끗 짜리 화투장을 그대로 그려 사람들을 놀라게 하였다. 보성고등보통학교를 다닐 때에는 유화를 그려 교내 미술전에서 1등을 수상하였다.

당시 미술 교사였던 고희동은 이상의 재주를 알고 그를 극진히 아꼈

으며 동창들의 회고에 따르면 이상은 자주 화가에 대한 꿈을 밝혔다고
한다.

그는 경성고등공업학교 건축학과에 입학하여 졸업할 때까지 미술부
에서 마음껏 그림을 그렸다. 졸업 후에는 총독부 내무국의 건축과 기수
로 들어가 근무하면서 1931년 처음으로 장편 소설 「12월 12일」을 발표
하고 이듬해 「이상한 가역 반응」이라는 시를 내놓았다.

그러나 1933년 그의 나이 24세가 되던 해 건강에 적신호가 울렸다.
폐결핵으로 심한 각혈이 계속되자 이상은 총독부 기수직을 사임하고
황해도 배천 온천으로 요양을 떠났다. 이곳에서 기생 금홍이를 만나 요
양도 끝나기도 전에 그녀를 데리고 서울에 올라왔다. 그 후 종로에 다
방 '제비'를 차려 금홍이를 마담으로 앉히고 동거 생활을 시작하였다.
그 유명한 이상의 「날개」는 바로 이 금홍이가 모델이었다.

이 무렵 이태준, 박태원 등이 제비에 출입하여 이상은 이들과 친분을
쌓게 되었다. 다방 제비가 경영난에 빠지자 문을 닫았고 금홍이와도 헤
어졌다.

1936년에 변동림과 신흥사에서 정식으로 결혼했으나 이상은 새로운
재기를 위해 도쿄로 떠났다. 그러나 이듬해 2월 사상이 불순하다는 혐
의로 일본 경찰에 구속되는 바람에 건강이 악화되었다. 병보석으로 풀
려나 도쿄대학 부속 병원에 입원하였지만 1937년 4월 17일 끝내 눈을
감고 말았다. 아내 변동림이 일본으로 건너가 유해를 화장하고 그 유골
을 가져왔다.

이상의 시는 기존의 문법을 철저히 무시하였다. 그는 지독하게 띄어
쓰기를 무시하였으며 숫자나 기호의 도입, 주문과도 같은 문구 등 도처
에서 일상의 규칙을 파괴하였다.

시인 고은은 "이상은 사람이 아니라 사건이었다."고 표현하였으며 어떤 이는 그를 가리켜 "한국 현대 문학사상 최고의 스캔들이다."라고 하였다. 그야말로 전혀 새로운 의식과 언어, 스타일을 선보인 것이었다. 이러한 이상의 초현실주의적 색채는 당대에는 환영받지 못하고 결국 미래의 몫으로 넘겨졌다. 1966년에는 이상의 시, 산문, 소설을 정리한 『이상 전집』이 간행되었다.

1925년 4월 17일

조선 공산당 창당

우리나라는 1919년 3 · 1 운동 이후 급진적인 민족 운동이 전개되었다. 이 시기에 일본 유학생들에 의해 사회주의 경향이 짙은 단체가 등장하기 시작하였는데 마침내 이들은 1925년 4월 17일 김재봉을 당 책임 비서로 임명하고 조선 공산당을 창당하였다. 그러나 1925년 11월 조직 확대를 목적으로 훈련을 진행하던 중 일제에 발각되어 당이 해체되었다.

그러나 당시 체포되지 않았던 김재봉이 당원 강달영과 함께 이듬해 6월 서울에서 제2차 조선 공산당을 조직하였으나 또다시 해체되고 말았다. 조선 공산당은 1928년 제3차, 제4차로 연이어 조직되었으나 계속 해체되는 등 실패하였다.

그러다가 1945년 8 · 15 광복 이후에는 박헌영, 여운형, 허헌 등을 중심으로 당이 재건되었다. 이듬해 11월 23일 조선 공산당은 조선 인민당 및 남조선 신민당과 함께 남조선 노동당으로 통합되었다.

1394년 4월 17일

태조 이성계, 공양왕을 사사하다

고려의 공양왕은 창왕을 폐위시킨 이성계 일파에 의하여 옹립되었으나 재위 4년 만에 폐위되었다. 이로써 고려 왕조는 끝이 났다.

공양왕은 1392년 조선이 건국되자 원주로 유배되었다가 다시 간성으로 옮겨지면서 공양군으로 강등되었다. 1394년 다시 삼척으로 유배되었다가 한 달 만인 4월 17일 사사賜死되었다. 부인 노 씨와의 사이에 아들과 딸 셋이 있었는데 이들은 공양왕과 함께 삼척에서 죽은 것으로 보인다.

그러나 공양왕은 죽임을 당한 지 22년 만인 조선 태종 16년(1416)에 복위되었다.

1953년 4월 17일

초대 부통령 이시영 사망

초대 부통령을 지낸 독립운동가이자 정치가인 이시영은 1869년 서울에서 태어났다. 그는 조국 광복 때까지 임시정부에서 중심적 역할을 하며 독립운동을 위해 애썼다.

그는 일제 치하에서는 대한민국 임시정부의 초대 법무 총장을 지냈으며 광복 후 1948년에는 대한민국 초대 부통령에 당선되었다. 그러나 1951년 대통령 이승만의 비민주적 통치에 반대하여 사퇴하고 이듬해

제2대 대통령 선거 후보로 출마하였으나 낙선하였다.

　그 뒤 이시영은 국민의 정신적 지주로 활동하다 1953년 4월 17일 사망하였다. 장례는 9일 동안 국민장으로 거행되었으며 1949년 건국훈장 대한민국장이 수여되었다.

4월의
모든 역사

4월 18일

1388년 4월 18일

고려의 최영 장군, 요동 정벌에 나서다

1388년 명나라가 철령 이북이 자기네 땅이라며 철령위 설치를 통보해 오자 고려는 요동 정벌을 계획하였다.

그러나 이성계가 조민수를 설득하여 위화도에서 회군함으로써 최영의 요동 정벌은 실패로 끝났다. 이후 최영은 개성에서 이성계에게 잡혀 고양, 마산 등지로 유배되었다가 1388년 12월 개성에서 처형되어 경기도 고양시 덕양구 대자동 대자산 기슭에 안장되었다.

최영 장군의 묘는 부인 문화 유씨와의 합장묘로 1975년 9월 5일에 경기도 기념물 제23호로 지정되었다.

　고려 말에는 남으로는 왜구, 북으로는 홍건적이 극성을 부리던 시기였다. 왜구는 해안가와 내륙을 가리지 않고 마구 쳐들어와 노략질을 일삼았다. 이들이 주로 노린 것은 쌀이었지만 고려의 백성들을 납치하는 일도 많았다. 원나라 말기 혼란을 틈타 일어난 홍건적 역시 고려에게는 커다란 두통거리였다. 이들은 두 차례나 대규모의 병력을 이끌고 고려를 침입하여 막대한 피해를 입혔다. 최영과 이성계는 바로 이들 외적들을 토벌하면서 성장하였다.

　공민왕 8년(1359)에 홍건적 4만 무리가 서경을 함락시켰을 때 최영은 이를 수복하는 데 큰 공을 세웠다. 1361년 홍건적 10만 무리가 다시 질풍처럼 밀려와 개경을 함락하자 이성계 등과 함께 이를 격퇴하였다. 이후로도 최영은 김용과 최유의 난을 평정하는 등 많은 공을 세웠다.

　또한 우왕 2년(1376)에 왜구가 대규모로 연산 개태사를 침입하자 고려에는 비상이 걸렸다. 그곳에는 태조 왕건의 영정이 모셔져 있었기 때문이다. 원수 박인계를 보냈으나 전사하였고 이에 최영이 직접 출정하여 홍산에서 왜구를 대파하였다.

　그리고 1388년에는 온갖 민폐를 끼치고 권력을 휘두르던 이인임, 염흥방, 임견미 등을 숙청하였다. '조반의 옥'으로 불리는 사건이 그 계기였다. 이는 염흥방의 노비였던 이광이 조반의 땅을 빼앗고 능멸하자 참다못한 조반이 이광을 잡아 죽인 사건이었다.

　이인임 일파가 척결되자 우왕은 최영을 문하시중門下侍中에 임명하고 그의 딸을 왕비로 맞아들였다. 비로소 최영이 고려 최대의 권력자로 떠오른 것이다.

　그런데 바로 이 무렵 명나라에서 철령(톄링) 이북에 철령위를 설치하겠다는 움직임이 나타났다. 그러나 철령 이북에 속한 요동은 옛 고구려의 영토로 이는 절대 승복할 수 없는 일이었다. 고려와 명나라 사이에는 팽팽한 긴장감이 감돌았다.

고려는 박의중을 보내 철령 이북에서 공험진까지는 원래 고려의 땅이었다며 철령위 설치의 중지를 요청하였다. 그러나 명나라는 이를 무시하고 말단 관리인 왕득명을 보내 철령위 설치를 통고하였다. 이에 화가 난 최영은 요동을 정벌하기로 마음먹었다.

그러나 매번 뜻을 같이 하던 이성계는 4가지 이유를 들어 요동 정벌에 반대하였다. 이른바 '사불가론四不可論'으로 내용은 다음과 같다.

첫째, 소국이 대국을 거역하는 일은 불가한 일이다.

둘째, 여름에 군사를 동원하는 것은 농사에 지장을 초래하니 불가하다.

셋째, 온 나라의 군사를 들어 원정하면 왜구들이 그 틈을 타 침입할 우려가 있어 불가하다.

넷째, 장마로 인해 활에 입힌 아교가 풀어지고 전염병이 돌 우려가 있어 불가하다.

이성계는 이와 같이 불가론을 주장하였으나 이는 받아들여지지 않았다. 우왕은 전국에 징병령을 내려 군대를 소집하고 성곽을 수리토록 하였다. 승려들도 징발하여 군대에 편입시키고 경기도의 병력을 동강과 서강에 배치시켜 왜구의 침입에 대비하였다.

마침내 우왕은 1388년 4월 18일 조민수를 좌군 도통사로, 이성계를 우군 도통사로 임명하고 최영은 팔도도통사로 삼아 서경에서 정벌군을 총괄하게 하였다. 이때 좌우에 동원된 병력은 3만 8,000여 명이었으며 거기에 딸린 사람은 1만 1,600여 명, 말은 2만 1,600여 필이었다.

우왕과 최영의 엄명을 받은 이성계는 내키지는 않았지만 요동을 향해 떠났다. 5월 초순 압록강에 이르렀고 뗏목과 배다리를 이용해 위화도에 도착하였다. 그러나 이때 갑자기 큰 비가 내려 강물이 부는 바람에 많은 병사들이 물에 빠져 죽었다. 또 섬에 머물러 있다 보니 군량미가 부족해 도망치는 자가 늘어났다.

이에 우군 도통사였던 이성계는 압록강 하류인 위화도에서 빗물이 넘쳐 강을 건너기가 힘들다며 우왕에게 회군을 요청하였으나 우왕과 최영은 계속 진군을 독촉하였다.

그러나 이성계는 조민수를 달래 말고삐를 돌려 개경으로 들어가 최영을 몰아냈다. 바로 '위화도 회군'이었다. 이로써 고려의 마지막 북진 정책이라 할 수 있는 요동 정벌은 좌절되었다.

요동 정벌은 오히려 고려의 수명을 단축시킨 꼴이 되었다. 그 결과 최영은 개경에서 참형되었으며 우왕도 폐위되고 창왕이 즉위하였다.

이 사건으로 군권을 장악하게 된 이성계는 4년 뒤 조선을 건국하였다.

* 1388년 3월 8일 '최영, 팔도도통사 임명' 참조

1101년 4월 18일

『묘법연화경』이 완성되다

1101년 4월 18일 금자金字로 된 『묘법연화경妙法蓮華經』이 완성되었다.

『묘법연화경』은 천태종의 근본 경전으로 『법화경法華經』으로 약칭한다. 기원 전후 서북 인도에서 최초로 만들어졌으며 이후 두 차례 증보되었다.

『화엄종』과 더불어 한국 불교 사상을 확립하는 데 큰 영향을 미쳤으며 예로부터 모든 경전들 중 으뜸으로 손꼽혔다. 28품 전체가 귀중한 가르침으로 되어 있으며 우리나라에서는 제25품 「관세음보살보문품觀世音菩薩普門品」을 특별히 존숭하여 따로 『관음경』으로 편찬되기도 하였다.

우리나라에는 여러 종류의 한역본 중 인도의 승려인 쿠마라지바가 번역한 『묘법연화경』이 가장 널리 보급되었다.

1715년 4월 18일

허원, 청나라에서 자명종을 가져오다

조선 후기의 문신 김육의 견문록인 『잠곡필담潛谷筆談』에는 자명종에 관한 여러 기록들이 남아 있다.

이 책에는 '서양 사람이 만든 자명종을 정두원이 북경에서 가져왔으나 그 운용의 묘를 몰랐고 그 시각이 상합됨을 알지 못하였다.' '효종 때에 밀양 사람 유여발이 일본 상인이 가지고 온 자명종에 대하여 연구

한 끝에 그 구조를 터득하였는데 기계가 돌아가면서 매시 종을 친다.'
등의 기록을 확인할 수 있다. 이를 통해 우리나라에서 자명종의 원리를
처음으로 체득한 사람이 유여발이라는 것을 짐작할 수 있다.

　그 후 1715년 4월 18일에는 관상감 관원 허원許遠이 청나라에서 자명
종을 들여왔다. 숙종은 이를 모조하여 관상감에 두도록 명하였고 이에
허원은 청나라에서 가져온 자명종을 본떠서 새로운 자명종을 만들었
다. 이때부터 우리나라도 비로소 기계 시계를 만들 수 있게 되었다.

1979년 4월 18일

잠실 체육관 준공

　서울 잠실 종합 운동장의 대형 실내 체육관인 잠실 체육관이 1979년
4월 18일 준공되었다.

　이 체육관은 총면적 26,096m², 경기장 면적 7,098m²의 지하 1층, 지
상 2층 규모로 약 2만여 명을 수용할 수 있는 다목적 실내 체육관이다.

　1986년 아시안 게임 농구 대회, 1988년 하계 올림픽 농구, 배구 경기
가 이곳에서 치러졌다. 이 체육관에서는 농구, 배구 등 실내 구기 종목
의 경기 외에도 대형 콘서트, 박람회 등의 각종 공연 행사가 열린다.

4월의
모든 역사

4월 19일

1960년 4월 19일

4월 혁명이 시작되다

상아의 진리탑을 박차고 거리에 나선 우리는 질풍과 같은 역사의
조류에 자신을 참여시킴으로써 이성과 진리, 그리고 자유의 대학
정신을 현실의 참담한 박토薄土에 뿌리려 하는 바이다.

우리의 지성은 암담한 이 거리의 현상이 민주와 자유를 위장한 전
제주의의 표독한 전횡傳橫에 기인한 것임을 단정한다.

무릇 모든 민주주의의 정치사는 자유의 투쟁사이다.

-서울대학교 문리대 학생회, 「4 · 19 선언문」

1960년 3월 15일은 제4대 정부통령 선거일이었다. 당시 자유당 정권은 사상 최악의 부정 선거를 계획하였다. 온갖 방법을 동원한 이 거대한 음모는 용기 있는 한 경찰관이 '부정 선거 지령서'의 사본을 민주당에 제보함으로써 밝혀지게 되었다.

이기붕은 부통령 선거에서 820만여 표를 얻어 184만여 표에 그친 장면을 누르고 부통령에 당선되었다. 하지만 국민들은 이 같은 선거 결과에 승복하지 않았다. 그것은 선거가 아니라 공권력의 폭거일 뿐이었다. 3 · 15 부정 선거는 바싹 마른 낙엽에 성냥불을 그어댄 격이었다.

성난 민심은 먼저 마산에서 폭발하였다. 민주당 마산 시장이 사전 투표를 확인하고 선거 무효를 선언하자 학생들의 주도로 수만 명의 시민들이 시위에 돌입하였다.

이에 대해 당시 내무부 장관이었던 최인규는 강경 진압 지시를 내려 많은 사람이 죽거나 다쳤고 실종자도 속출하였다. 그러나 이승만 정권은 오히려 배후에 공산주의 세력이 있다며 탄압을 정당화하였다.

1960년 4월 11일 오전, 마산시 앞 바다에 시체 한 구가 떠올랐다. 오른쪽 눈 위에 최루탄이 박힌 교복 차림의 10대 소년이었다. 바다 위에 시체가 떠다닌다는 소문이 시내에 퍼지자 금방 사람들이 부두로 몰려왔다. 시민들은 인양된 시체를 본 순간 약속이나 한 듯 외쳤다.

"앗! 김주열이다."

이들이 한눈에 김주열을 알아본 데에는 그 어머니의 호소가 컸다.

앞서 3월 15일 마산 시위 당시 거리에 나섰던 김주열이 실종되자 그의 어머니는 아들의 행방을 찾기 위해 마산 시내 곳곳을 헤매고 다녔던 것이다. 김주열의 시신을 목격한 시민들은 그 참혹함에 모두 치를 떨었고 마산은 다시 거센 시위대의 물결로 덮였다. 그리고 이 불길은 점점 서울로 번져갔다.

서울에서도 마산의 시위에 자극을 받고 가만히 있을 수 없다며 시위를 계획하였다. 마침내 4월 18일 고려대학교에서 먼저 민주의 횃불이 타올랐다. 4,000여 명의 학생들은 점심시간을 이용하여 국회 의사당을 기습하였다. 이들은 구속된 학우들의 석방과 경찰의 학원 출입 금지를 요구하였다.

고려대학교 학생들이 시위를 마치고 다시 학교로 돌아오던 중 청계천 4가를 지날 때였다. 경찰의 비호를 받는 '반공청년단'이라는 정치 깡패들이 나타나 손도끼를 휘두르며 무차별 공격을 가하였다. 수십 명이 부상당한 이 사건은 다음 날 조간신문을 통해 대대적으로 보도되었다.

4월 19일 아침, 신문을 받아 본 학생과 시민들은 치밀어 오르는 분노에 몸을 떨었다. 그렇지 않아도 시위를 준비하고 있는 학생들에게 이들의 피습 소식은 기름을 부은 격이었다. 이제 더 망설일 것이 없었다. 서울 시내의 모든 대학들이 시위를 일으키고 10만여 명 이상의 시민들도 함께 나섰다.

시위는 서울뿐 아니라 부산과 광주 등 지방 각지에서도 일어나 전국적인 양상을 보였다. 일부 시위대가 이승만과의 담판을 요구하면서 경무대(현 청와대)로 향하자 경찰이 무차별적인 발포를 시작하였다.

이승만 정권은 곧 비상 계엄령을 내리고 서울 시내에 군대를 배치하였다. 이날 하루만 186명의 아까운 시민이 목숨을 잃었고 6,000여 명의 부상자가 속출하였다. 그야말로 '피의 화요일'이었다.

25일에는 그동안 침묵을 지키고 있던 전국의 교수 300여 명이 '4·19에 쓰러져간 학생들의 피에 보답하라'는 플래카드를 앞세우고 시가행진을 벌였다. 이는 이승만 정권에게는 치명적이었지만 학생들에게는 백만 원군이 따로 없었다. 교수들의 시가행진을 계기로 시위는 다시 격화되어 수십 만 명이 거리로 뛰쳐나왔다.

결국 이승만은 26일 라디오를 통해 "국민이 원한다면 대통령직에서 물러나겠다."라며 하야 성명을 발표하였다. 이승만이 대통령직에서 물러난 후 6월 12일에는 내각제 개헌안이 통과되면서 허정이 국무총리로 추대되어 권한 대행에 나섰다. 8월 12일에는 국회 선거를 통해 윤보선을 대통령으로 선출하여 비로소 제2공화국이 출범하였다.

4 · 19 혁명은 부정 선거가 직접적인 원인이었으나 그동안 누적된 부패 정치에 항거함으로써 전체적인 개혁이 시작되는 동시에 학생을 비롯한 시민들의 정치적 · 도덕적 성숙이 이루어졌다는 점에서 큰 의의가 있다.

* 1960년 3월 15일 '3 · 15 부정 선거가 일어나다' 참조

1395년 4월 19일

화약 발명가 최무선이 사망하다

고려 말 왜구가 창궐하여 강화도까지 들어와 노략질을 일삼자 고려의 장군이자 발명가인 최무선은 화약 제조에 뜻을 품었다. 그는 염초와 유황, 목탄을 섞어 화약을 만들어 보는 실험을 거듭했으나 모두 실패하였다.

그러던 어느 날 최무선은 중국 남쪽에서 온 이원이란 사람을 만나 화약 제조술을 전수받을 수 있었다. 그간 전수받은 기술을 바탕으로 최무

선이 화약 제조에 성공하자 조정에서는 1377년에 화통도감을 설치하여 화약을 만들도록 하였다. 이때 만들어진 화약은 대장군, 이장군, 삼장군, 육화, 석포, 화포, 신포, 화통, 화전, 철령전 등이었는데 이를 보는 사람마다 놀라고 감탄하지 않는 이가 없었다. 최무선은 이 화기들을 싣고 싸울 새 전함도 건조하였다.

1380년 마침내 왜구가 300여 척의 해적선을 이끌고 금강 입구의 진포까지 밀어닥쳤다. 조정에서는 도원수에 심덕부, 부원수에 최무선을 임명하고 왜구 진압에 나섰다. 최무선은 화약 병기가 가득 실린 100여 척의 배를 이끌고 화포, 화통 등을 처음으로 사용하여 왜선을 거의 전멸시켰다.

그로부터 3년 뒤인 1383년에는 남해 관음포에 침입한 2,400여 명의 왜구를 격파하였다. 이후 왜구는 다시는 고려에 들어와 노략질하지 못하였다. 1389년에 화통도감이 철폐되자 최무선은 집에서 『화약수련법 火藥修鍊法』 『화포법火砲法』을 저술하면서 세월을 보내다가 1395년 4월 19일 숨을 거두었다.

최무선의 혈육은 그가 죽을 무렵 겨우 10세였던 아들 해산뿐이었다. 그는 죽기 직전 부인에게 『화약수련법』 한 권을 전해주며 "이 책을 고이 간직했다가 이 아이가 크면 전해주시오."라는 유언을 남겼다. 해산은 15세 되던 해에 아버지의 책을 전수받아 화약 제조법을 익혔다. 해산은 조선 태종 대(재위 : 1400~1418)에 벼슬길에 올라 화약 제조의 책임자가 되어 화약 병기 개발에 몰두하였다.

마침내 해산은 7년의 노력 끝에 새로이 공격용 화차와 화포를 완성하였다. 조선의 화약은 최무선의 평생에 걸친 노력이 결국 그의 아들을 통해 맥을 이은 것이었다.

1481년 4월 19일

『동국여지승람』 50권이 완성되다

조선이 건국된 후 통치 체제가 완비되자 지리지 편찬의 중요성이 대두되었다. 이에 세종은 맹사성, 신색 등에게 지리지 편찬을 명하였다.

그래서 1432년에는 『신찬팔도지리지新撰八道地理志』가 완성되었다. 그 후 명나라에서 『대명일통지大明一統志』가 들어오자 성종은 양성지, 노사신, 강희맹, 서거정 등에게 새로운 지리지 편찬을 지시하였다.

이들은 『신찬팔도지리지』를 기초로 하여 『동문선東文選』에 실린 동국 문사의 시문을 첨가하고, 축목이 저술한 『방여승람方輿勝覽』과 명나라 『대명일통지』의 체제를 본떠 마침내 1481년 4월 19일 우리나라의 지리서인 『동국여지승람東國輿地勝覽』 50권을 완성하였다.

이 책은 역대 지리지 중 가장 종합적인 내용을 담은 것으로서 조선 전기의 정치사와 제도사의 연구는 물론 특히 향토사 연구에도 중요한 자료로 평가되고 있다.

그 후 『동국여지승람』은 다시 첨삭, 수정되어 1486년에 35권으로 간행되었다가 1499년 개수를 거치고 1530년에 이행, 홍언필이 증보하여 마침내 『신증동국여지승람新增東國輿地勝覽』 55권 25책으로 완성되었다.

『신증동국여지승람』의 책머리에는 조선의 팔도를 실었고 각 도의 첫머리에는 도별 지도를 삽입하였다. 이어 연혁, 풍속, 묘사, 능침, 궁궐, 관부, 학교, 토산, 효자, 성곽, 산천, 누정, 사사, 역원, 교량, 명현의 사적, 시인의 제영 등을 실었다.

1895년 4월 19일

김홍집 내각, 을미개혁 단행

1895년 4월 19일 일제는 고종의 명을 빌려 김홍집 내각을 구성하고 조선을 근대화시킨다는 명목 아래 체제 개편을 단행하였는데, 이를 을미개혁이라 한다.

김홍집 내각은 태양력 사용, 종두법 시행, 통신망 확장을 위한 우체사 설치, 소학교 설치, 연호 사용, 군제 개혁, 단발령 시행 등을 내용으로 하는 급진적인 개혁을 시도하였다.

그러나 이러한 개혁은 반일 감정이 극에 달한 상황에서 강제로 시행된 것이었기 때문에 국민들의 저항이 매우 컸다.

특히 단발령이 강제적으로 시행되자 유생을 중심으로 전국적인 반일, 반개화 운동이 전개되었고 각지에서는 의병이 일어났다. 이들을 진압하기 위하여 서울의 병력이 지방으로 이동하자 친러파는 이 기회를 이용하여 김홍집 내각을 무너뜨렸다.

이후 을미개혁을 주도한 김홍집은 1895년에 일본이 저지른 을미사변의 책임을 뒤집어쓰고 분노한 국민들에 의하여 결국 피살되고 말았다.

* 1896년 2월 12일 '개화 사상가 김홍집 피살' 참조

2006년 4월 19일

한명숙, 첫 여성 총리 임명

2006년 4월 19일 대한민국 정부 수립 58년 만에 첫 여성 총리가 탄생하였다.

한명숙은 사회 운동가 출신으로 여성 권리의 신장과 사회 개혁을 위해 일했으며 김대중 전 대통령의 권유로 본격적으로 정치에 입문하였다. 김대중 집권 이후 여성부 초대 장관을 시작으로 2003년에는 참여 정부 출범과 함께 환경부 장관을 맡았다.

2006년 3월에 노무현 대통령이 한명숙을 국무총리로 지명하였고 마침내 4월 19일 국회의 임명 동의안이 가결되어 대한민국 사상 최초의 여성 국무총리가 되었다.

이에 따라 이해찬 총리가 사퇴한 후 한 달 넘게 계속돼 온 총리 대행 체제는 막을 내렸다.

4월의
모든 역사

4월 20일

:

1527년 4월 20일

최세진이 『훈몽자회』를 편찬하다

한 글자가 여러 가지 이름을 나타내는 것은, 이제 모두 두세 곳에
수록했으니, 예를 들면 葵규字는 葵菜(아욱) 葵花(해바라기), 朝조字
는 朝夕(아침조) 朝廷(조정조), 行행字는 德行(행실행) 市行(행할행, 장
사를 함) 行步(다닐행)와 같은 것이 이것이다.

무릇 자음 가운데 우리나라에서 전해오는 발음이 달라진 것은 이
제 이를 많이 바로잡아 앞으로 여러 사람이 바른 음을 배울 수 있
게 했다.

- 최세진

최세진은 조선 전기의 어문학자로 당대 최고의 중국어와 운서 연구
의 대가였다.

그는 어린 시절 사역원에 입학하여 중국어에 능통하였으며 이문東文
실력 또한 뛰어났다. 이 때문에 중국과의 외교 업무는 물론 사신의 내
방에 중요한 역할을 하여 왕의 신임을 받았다. 이 때문에 비록 중인 계
급이었으나 역과譯科에 합격하여 1503년 별시문과에 급제하였고 이후
중종(재위 : 1506~1544)의 총애를 받으며 정2품까지 올랐다.

최세진은 중국 표준 발음을 정리한 「사성통해」를 지었으며 역관들이
중국어 회화를 위해 사용하던 「노걸대」와 「박통사」를 한글로 번역하였
다. 그는 중국어 학습 교재의 편찬은 물론 우리말의 연구에도 남다른
열정을 보였다.

그 결과 1527년 4월 20일에는 어린이를 위한 한자 학습서인『훈몽자
회』를 편찬하였다. 그는 종래에 사용되던 어린이 학습서인『천자문千字
文』이나『유합類合』등이 일상생활과 거리가 멀고 추상적이어서 학습하기
에 불편함이 많다며 이를 보충하여『훈몽자회』를 편찬하였다. 1613년
에 간행된 것이 가장 오래된 것으로 이 책의 원본은 전하지 않는다.

『훈몽자회訓蒙字會』는 상 · 중 · 하 3권 1책으로 한자를 사물에 따라 33
개 항목으로 나누어 한글로 음과 뜻을 달았다.

상권에 천문 · 지리 등 16문, 중권에 인류 · 궁택 · 관아 등 16문을 수
록하였고 하권에 잡어를 실어 각 권 1,120자씩 총 3,360자의 한자를 실
었다.

『훈몽자회』는 특히 상권 책머리 「범례」에『훈민정음』을 '언문' '반절'
이라 부르고 언문의 자모와 그 음가 사용법을 '언문 자모'라 하여 당시
한글 체계와 용법을 간단히 설명해 놓았다. 글자의 수는 훈민정음 28자

가운데 'ㆆ'이 빠진 27자이고 자모의 명칭과 순서가 오늘날과 같다. 이는 우리 문자를 이해하는 데 아주 중요한 기록이다.

『훈몽자회』는 주변에서 흔히 볼 수 있는 사물을 다루어 국문을 보급하는 데 기여하였으며 새로운 내용도 많아 실용적인 가치가 매우 컸다. 또한 한자를 국역해 놓아 16세기 초 중세 국어의 어휘를 연구하는 데 귀중한 문헌으로 주목받고 있다.

최세진은 40여 년에 걸쳐 모두 17종의 저술을 남겼으며 중종 37년 (1542년) 2월 10일 사망하였다.

1952년 4월 20일

동양통신 창설

1952년 4월 20일 양우정이 대한통신사大韓通信社를 인수하여 동양통신 東洋通信을 설립하였다.

동양통신은 부산시 광복동 1가 16번지에 처음 세워졌으나 이듬해 11월 서울 중구 남대문로 2가로 사옥을 옮기고 체제를 개편하여 김성곤이 사장을 맡았다. 이후 동양통신은 전국 통신망을 이룩하여 우리나라의 대표적인 통신사로 성장하였다.

1959년 3월에는 우리나라 언론계에서는 처음으로 미국 워싱턴에 상주 특파원을 파견하였으며 1970년 2월 2일부터는 해외 송신을 개시하였다. 1972년 평양에서 개최된 제1차 남북적십자사 회담 당시에는 휴대용 사진 전송기를 도입하여 북한의 모습을 전송하는 데 성공하였다.

이후 동남아시아까지 통신망을 확대하여 통신 시설의 현대화를 이룩하였다. 그러나 1980년 11월 정부의 언론사 통폐합 조처로 통양통신은 12월 31일자로 연합통신에 흡수되었다.

—

1994년 4월 20일

을사조약의 부당성을 폭로한
헐버트 수고가 공개되다

—

1994년 4월 20일 을사조약의 부당성을 세계에 알리기 위해 고종의 밀사로 활약한 미국인 호머 헐버트 박사의 수고手稿 및 회고록이 공개되었다.

헐버트의 수고는 1930년대 집필된 것으로 추정되는데 현재 표지와 제1장이 없어진 채 341쪽 24장이 남아 있다.

이 수고에는 일본이 을사조약 체결을 위해 압박을 가할 당시 고종이 미국의 도움을 얻기 위해 루스벨트 대통령에게 영문으로 보낸 주권 수호 협조 요청서가 실려 있다.

이 자료는 구한말 대한제국 정부 편에서 중요한 외교적 활동을 했던 한 미국인의 생생한 증언이라는 점에서 높은 사료적 가치를 가진다.

헐버트 박사는 1949년 8월 5일 병사하였으며 이때 외국인 최초의 사회장으로 영결식을 거행하였다. 또한 1950년 3월 1일에는 외국인 최초로 건국공로훈장 태극장(독립장)을 추서하였다.

1997년 4월 20일

황장엽 전 북한 노동당 비서 망명

"수십 년간 북조선 당국의 고위 간부로 생활하면서 수없이 고민했으나 결국 남쪽 형제들과 손잡고 전쟁을 막는 것이 최선임을 확신하여 대한민국에 오게 됐다."

1997년 4월 20일 북한 노동당 국제 담당 비서 황장엽이 망명하였다.

황장엽은 북한의 통치 이데올로기를 해외에 전파하는 외교 업무를 병행하는 등 한때 북한의 핵심 권력층에 있었다.

그러나 김정일과의 갈등으로 망명을 결심하였고 이후 베이징 주재 한국 대사관에 귀순한 지 67일 만에 서울에 도착하였다.

황장엽은 망명 이후 통일정책연구소의 이사장으로 활동하다 2003년 사임하였다. 그 후 여러 단체를 통해 북한의 체제와 권력을 비판하는 활동을 전개하다 2010년 10월 10일 사망하였다.

1605년 4월 20일

사명대사가 귀국하다

1605년 4월 20일 선조의 명을 받고 일본에 갔던 사명대사가 임진왜란 때 잡혀간 인질 3,500명과 함께 돌아왔다.

사명대사는 1604년 2월 오대산에서 스승인 서산대사 휴정의 부음을

받고 묘향산으로 가던 중 선조의 부름을 받았다. 그리고 그해 8월 국서
를 받들고 강화 교섭을 위해 일본으로 건너가 도쿠가와 이에야스를 만
났다.

그리고 8개월 동안 노력한 끝에 강화를 맺고 납치된 인질들을 데리
고 귀국하였다. 이후 사명대사는 국왕에게 복명하고 10월에 묘향산에
들어가 휴정의 영전에 절하면서 오랜 외유를 끝내고 승려의 본분으로
돌아갔다.

1907년 4월 20일

이상설·이준, 만국평화회의 참석 차 출국

1907년 4월 20일 이상설과 이준은 고종의 밀서를 휴대하고 만국평
화회의 참석 차 출국하였다.

고종은 1905년 을사조약이 일제에 의해 강제적으로 체결되자 이
조약의 불법성을 열강에 알려 국권을 회복하고자 1907년 네덜란드의
수도 헤이그에서 개최된 제2차 만국평화회의에 이들을 특사로 파견
한 것이었다.

그러나 특사 파견은 실질적인 소득을 거두지 못한 채 오히려 일제 침
략의 구실만 제공하였다. 일제는 이 일의 책임을 물어 고종을 강제 퇴
위시키고 대신 순종을 등극시켰다.

1973년 4월 20일

성년의 날 제정

'각종 기념일 등에 관한 규정'(대통령령 제6,615호)에 의거하여 1973
년 4월 20일을 성년의 날로 정하였다.

이날은 사회인으로서의 책무를 일깨워 주며 성인으로서의 자부심을
부여하기 위하여 지정된 기념일이다.

우리나라의 성년례成年禮는 고려 광종 16년 세자에게 원복을 입혔다
는 데에서 비롯된다. 남자는 관례, 여자는 계례가 있었으나 20세기 전
후 서서히 사회 관습에서 사라졌다.

1973년부터 1974년까지는 4월 20일에 성년의 날 기념행사를 하였으
나 이후 '청소년의 달'인 5월 셋째 월요일로 변경하였다.

4월의
모든 역사

4월 21일

:
:

1980년 4월 21일

사북 사태가 발생하다

고한읍 어딘가에 고래가 산다는 걸 나는 몰랐다.
까아맣게 몰랐다.
'사북 사태' 때도 그냥 어용노조만 거기 있는 줄 알았다.
혹등고래가 산 속에 숨어 탄맥을 쌓고 있는 줄은 몰랐다.
그냥 막장인 줄만 알았다.

-이건청, 「폐광촌을 지나며」

1980년대 강원도 사북의 탄광 경제를 지배하던 동원탄좌는 당시 우리나라 최대의 민영 탄광 기업이었다. 동원탄좌의 석탄 생산량은 전국 총생산량의 9%를 차지하였으며 직원 수는 약 3,500명에 이르렀다.

그러나 유독 노동 통제와 임금 착취가 심하여 당시 광부들은 회사 측의 부당한 임금 책정과 노조 지배에 대한 불만이 높았다.

사북 사태의 직접적 배경은 제6대 노조 지부장 선거를 둘러싼 부정이었다. 당시 노조원들은 제5대 지부장이었던 이재기의 퇴진을 요구하며 항의하였다. 그는 제1,2,5대 지부장을 역임하였는데 제2대 지부장 시절 조합비 횡령 혐의로 구속되었다. 그러나 이후 노조 규약을 무시한 채 다시 지부장 선거에 출마하여 제5대 지부장에 당선되자 노조원들이 거세게 반발한 것이다.

1979년 4월 제6대 지부장에 또다시 이재기가 당선되면서 노조는 선거 무효를 결정하였다. 이후 노조는 직무 대리 체제로 운영되었으나 여러 차례 직무 대리가 바뀌는 파행을 거듭하다 결국 6번째 직무 대리로 이재기가 임명되자 사태는 더욱 악화되었다.

1980년 3월 31일 이재기는 회사 측과 20% 임금 인상안에 합의하였는데 이것은 그해 노조가 결의한 42.75%에 한참 못 미치는 결과였다. 이에 이원갑을 비롯한 동탄 노조원 20여 명은 임금 30% 인상과 상여금 지급, 어용노조 지부장 사퇴 등을 요구하며 서울에 있는 광산 노조 사무실을 점거하고 농성을 벌였다.

그 후 4월 21일에는 사북지서 앞에서 경찰의 허가 아래 집회를 열려고 하였으나 경찰은 하루 전에 집회 불허를 통보하였다. 이 사실을 알게 된 노조원들이 대책 마련을 위해 한자리에 모였는데 이때 노조원들의 무리 속에 사복 경찰관 한 명이 잠입해 있었다. 그러나 곧 그 정체가 탄로난 경찰관은 곧바로 도주하였는데 이 와중에 광부 4명을 차로 치고 달아났다.

이 소식은 순식간에 퍼졌고 동탄 노동자들과 지역 주민들이 몰려들어 사북지서를 습격하면서 사태는 더욱 확대되었다. 이튿날 시위대는 사북읍 안경다리에서 경찰과 대치하였다. 경찰 지휘부는 병력 300여명을 긴급 투입하였고 약 6,000명의 시위대는 각목을 휘두르고 돌멩이를 던지며 격렬히 맞섰다.

그 결과 경찰관 1명이 숨지고, 경찰과 시위대 160여 명이 부상당하였다. 또한 사북 사태 관련자 31명은 구속되었으며 불구속 50명을 포함하여 총 81명이 군법 회의에 송치되었다.

이 사건은 4월 24일 경찰과 노조원들이 노조 위원장의 사퇴 등으로 합의를 보면서 진정되었다.

1980년 광주 항쟁의 서막으로 평가되는 사북 사태는 노동 운동의 시발점이 되었다. 이 사건을 계기로 전국 각지에서 연달아 노사 분규가 일어나 노사 문제를 더욱 가속화시켰다.

1571년 4월 21일

『명종실록』이 완성되다

『명종실록明宗實錄』은 조선 제13대 왕 명종의 재위 기간인 1545년 7월부터 1567년 6월까지 22년 동안의 역사를 편년체로 기록한 사서이다. 원래의 명칭은 『명종대왕실록明宗大王實錄』으로 34권 34책이다.

『명종실록』의 편찬 과정에 대해서는 실록에 정확하게 기록되어 있지

않다. 다만 『선조실록』에 1568년 8월 춘추관에서 영의정 이준경, 우의
정 홍섬의 주재로 편찬 회의가 개최되고 1571년 4월 21일 완성되었다
고 기록되어 있을 뿐이다.

그러나 당시 편수관으로 편찬 작업에 참여했던 유희춘의 『미암일기
眉巖日記』에는 더 자세한 내용이 실려 있어 당시의 편찬 과정을 알 수 있
다. 편찬 작업에 참여한 인물은 감춘추관사監春秋館事 홍섬, 지춘추관사知春
秋館事 오겸, 이황 등 9인, 동지춘추관사同知春秋館事 박순 등 10인, 편수관은
이제민 등 20인, 기주관은 유도 등 17인, 기사관은 홍성민 등 20인으로
총 77명이었다.

『명종실록』은 기사 수록이나 편성이 매우 체계적이고 정연하여 역대
실록 중에서 가장 보기 편하게 편찬되었다는 것이 특징이다.

—

1983년 4월 21일

한국여성개발원 개원

—

국내 여성 단체들은 1970년부터 여성 문제 전담 기구의 설립을 지속
적으로 건의하였다. 1982년 여성 국회의원들의 주도로 '한국여성개발
원법'이 국회를 통과하였으며 이에 정부는 국립여성복지원을 통합한
전문적이고 종합적인 여성 기구의 설립을 추진하였다.

그래서 1983년 4월 21일 보건사회부 산하 특수 법인체로 한국여성
개발원이 설립되었다. 이 기관은 설립 당시 조사 연구실, 교육 연수실,
자원 개발실 등으로 구성되었으며 여성 문제에 관한 연구 및 여성의 능
력 개발을 위한 훈련 등의 업무를 담당하였다.

이후 여성정보센터와 사회교육원을 설립하여 기존의 기능을 확대하였고 2007년에는 '한국여성정책연구원'으로 기관 이름을 바꾸었다.

—

1961년 4월 21일

한국 최초의 여성 판사, 황윤석 변사 사건 발생

—

황윤석은 사학자인 황의돈의 딸로 그녀는 부친의 권유로 법률을 공부하였다.

그녀는 서울대학교 법과대학을 졸업한 후 1952년 당시 23세의 나이로 제3회 고등고시 사법과에 합격하였다. 1954년 서울지방법원 판사에 임명됨으로써 우리나라 최초의 여성 판사가 되었다.

그러나 1961년 4월 21일 당시 34세였던 황윤석 판사는 자택에서 변사하였다. 남편과 함께 의식을 잃은 채로 발견되었고 이들 부부는 곧 병원으로 옮겨졌으나 결국 그녀는 사망하고 말았다.

당시 한국 첫 여성 판사의 의문사는 사회에 큰 혼란을 일으켰고 더욱이 그 사인이 명확하게 드러나지 않아 이 사건은 아직도 미스터리로 남아 있다.

1944년 4월 21일

주기철 목사 순교

1938년부터 1944년까지 신사 참배 반대 운동과 신앙 수호 운동의 지도적인 역할을 해왔던 주기철 목사가 1944년 4월 21일 순교하였다.

주기철 목사는 1897년 11월 25일 경상남도 창원에서 태어났다. 그는 오산고등학교에 진학하여 민족 지도자인 이승훈을 비롯하여 조만식, 서춘 선생 등으로부터 민족의식과 신앙 교육을 받았다.

1916년 오산고등학교를 졸업한 뒤 그해 4월 선교사들이 세운 연희전문학교 상과대학에 진학하였으나 지병인 안질이 심해져 몇 달 만에 학업을 중단하였다. 1925년 12월 평양신학교를 졸업하고 경남노회에서 목사 안수를 받은 후 부산 초량교회 위임 목사로 부임하였다. 이때 신사 참배가 기독교 교리에 어긋난다며 '신사 참배 반대 결의안'을 경남노회에 제출하여 정식 가결을 받아 내기도 했다. 그러나 일제가 신사 참배에 반대하는 교인들을 모조리 구속하는 등 탄압을 계속하자 1938년 제27회 장로회 총회에서는 신사 참배를 찬성하기로 가결하였다. 이에 주기철 목사는 굴욕적인 신사 참배를 할 수 없다며 맞섰고 이로 인해 7년 동안 구속과 석방을 거듭했다.

그러던 중 1944년 4월 21일 금요일 밤 9시, 주기철 목사는 숱한 고문으로 만신창이가 되어 평양 형무소에서 49세의 짧은 생을 마감하였다. 1963년에 건국훈장 독립장이 추서되었다.

4월의
모든 역사

4월 22일

:
.
:
.

1970년 4월 22일

새마을 운동이 시작되다

새벽종이 울렸네 새 아침이 밝았네
너도나도 일어나 새 마을을 가꾸세

초가집도 없애고 마을 길도 넓히고
푸른 동산 만들어 알뜰살뜰 다듬세

서로서로 도와서 땀 흘려서 일하고
소득 증대 힘써서 부자 마을 만드세

우리 모두 굳세게 싸우면서 일하고
일하면서 싸워서 새 조국을 만드세

후렴)살기 좋은 내 마을 우리 힘으로 만드세

-박정희,「새마을 노래」

1970년 4월 22일 박정희 대통령이 전국 지방 장관 회의에서 농촌 재건 운동에 착수하기 위하여 새마을 가꾸기 운동을 제창하였다. 이로써 '새마을 운동'이 시작되었다.

이 운동은 근면 · 자조 · 협동을 구호로 내걸고 생활 환경과 태도를 개선하고 혁신하여 낙후된 농촌을 근대화시킨다는 취지였다.

1971년부터 본격적으로 시행된 새마을 운동은 농촌의 근대화와 의식 개혁, 지역의 균형적인 발전을 그 목표로 하였다. 겨울철 농한기를 이용하여 전국에 시멘트를 무상 지급하고 이동개발위원회里洞開發委員會를 중심으로 환경 개선 사업을 추진하였으며 이후 이것은 영농 기반 조성 사업으로 확대되었다.

당시 박정희 대통령은 서울시와 경기도 일대를 시작으로 다수의 현장을 직접 둘러보며 새마을 운동을 관리 감독할 정도로 새마을 운동에 애착을 가졌다. 이후 새마을 운동은 도시로 확대되어 전 국민적 운동으로 확산되었다.

도시 새마을 운동의 중심 사업은 소비 절약의 실천, 준법 질서의 정착, 시민 의식의 계발, 새마을 청소의 일상화, 도시 녹화, 뒷골목 정비, 도시 환경 정비 등의 10가지였다.

1973년 1월에는 내무부(현 행정자치부)에 새마을 담당관실을 설치하고 그 산하에 4개의 과를 두어 새마을 운동을 대대적으로 홍보하였다. 방송 매체를 통해 「새마을 노래」를 수시로 방송하였으며 새마을 운동의 성공 사례는 신문을 통해 소개하였다.

한편 새마을 운동과 관련된 교육을 강화하기 위해 경기도 수원에 새마을 지도자 연수원을 세워 농촌 지도자를 육성하였다. 또한 정부의 예산 지원을 대폭 늘려 1972년 33억 원이었던 지원금이 격증하여 1973

년 215억 원, 1979년에는 4,252억 원으로 확대되었다. 나아가 제1차 새
마을 지도자 대회 때에는 이 운동을 범국민적으로 확산시킬 것을 결의
하였다.

1980년 이후 새마을 운동은 정부 주도에서 민간 주도 운동으로 전
환되었고, 그해 12월에는 비영리 단체인 '새마을운동중앙회'가 설립되
었다.

그러나 1988년 5공 비리 청문회 당시 새마을 운동 중앙 본부와 관련
된 비리가 폭로되면서 새마을 운동의 양상이 변화하여 이후 시민 의식
의 선진화, 지역 활력 찾기, 친환경 조성, 국제·통일 협력 사업을 목표
로 하는 제2 새마을 운동이 계속되고 있다.

새마을 운동은 정부 주도 아래 전국적으로 전개된 범국민적 근대화
운동으로서 1970년대 한국 사회가 비약적인 경제 성장을 이루는 밑거
름이 되었다.

1886년 4월 22일

독립운동가 여운형 출생

독립운동가이자 정치가인 여운형은 1886년 4월 22일 경기도 양평에
서 태어났다.

여운형은 어려서부터 교육에 남다른 열의가 있었다. 1907년에 광
동학교를 세웠으며 강릉에 초당의숙을 세워 민족의식을 고취하였다.
1913년 중국으로 건너가 신학문과 기독교 사상 등을 접한 후 교육 사
업과 국채 보상 운동을 전개하였다.

1919년 대한민국 임시정부 수립에 참여하였으며 그해 일본으로 건너가 조선 독립의 필요성을 적극 역설하는 등 외교론에 입각한 독립 운동을 전개하였다. 1929년에는 영국의 식민 정책을 비판하다가 영국 경찰에 체포되어 3년간 옥고를 치렀다.

1943년에는 청년 지하 운동을 조직하고 이듬해 조선건국동맹을 조직하였다. 이러한 조직 운동의 경험을 기반으로 8·15 광복 직후 조선건국 준비 위원회를 결성하였다.

1946년 1월 좌익의 집결체인 민주주의민족전선의 결성에 참여하여 의장단의 일원으로 선출되었다. 5월부터는 민주적 사회주의 건설과 통일 정부의 수립을 위해 중간 우파를 대표하는 김규식과 함께 좌우 합작 운동을 주도하였으나 1947년 7월 19일 한지근에게 암살당하였다.

여운형은 자유주의자, 민족주의자, 공산주의자, 민주사회주의자, 중간파 등 다양하게 불렸다. 이 때문에 그의 정치 노선은 기회주의라고 비판받기도 하였으나 좌우 합작은 당시의 정치적 혼란을 극복하고 통일 정부를 수립하기 위한 방안으로 평가되었다.

—

1983년 4월 22일

만화 「아기 공룡 둘리」 연재 시작

—

「아기 공룡 둘리」는 1983년 4월 22일부터 만화 월간지 『보물섬』에 연재되었다.

이 만화는 아기 공룡 둘리가 엄마 공룡을 만나기 위해 수많은 모험을 하면서 친구들을 만나는 이야기를 다루고 있는데 약 10년간 연재되며 선풍적인 인기를 끌었다.

「아기 공룡 둘리」의 인기는 그동안 무서운 용으로 인식되었던 공룡에 대한 고정관념을 뛰어넘는 발상과 개성 있는 캐릭터들의 활약에 그 비결이 있었다.

1996년에는 「아기 공룡 둘리-얼음별 대모험」이라는 영화가 제작되어 35만 명의 관객을 동원하였다. 그해 대한민국 만화 문화 대상, 공연윤리위원회 우수 영상물 등을 수상하였고 1999년에는 독일에 수출되어 상영되기도 하였다.

「아기 공룡 둘리」의 인기에 힘입어 1,000여 가지가 넘는 둘리 관련 캐릭터 상품이 생산되었다. 이로써 '아기공룡 둘리'는 국산 캐릭터 산업의 원조이자 수많은 창작 캐릭터들의 기폭제가 되었다.

1592년 4월 22일

곽재우, 임진왜란 발발 후 첫 의병 모집

조선의 의병장이었던 곽재우는 1552년 경상남도 의령에서 태어났다.

그는 선조 18년(1585) 별시문과別試文科에 2등으로 뽑혔으나 임금의 뜻에 거슬리는 글을 썼다 하여 급제가 취소되었다. 그 뒤 벼슬을 포기하고 40세 때까지 고향에서 낚시질을 하며 세월을 보냈다.

1592년 조선에 왜군이 쳐들어와 이른바 임진왜란이 발발하였다. 여러 고을이 불타고 백성들이 처참하게 죽어가자 곽재우는 4월 22일에 의병을 일으켜 왜군과의 전쟁에 나섰다.

곽재우는 5월에 함안군을 점령하여 왜군과의 교전에서 대승을 거두었는데 이때 붉은 옷을 입었다 해서 '홍의 장군'이라 불렸다. 그 공으로 같은 해 7월 유곡도찰방幽谷道察訪에 임명되었다가 곧이어 형조정랑刑曹正郎에 제수되었다.

그러나 1595년에 강화 회담이 진행되자 벼슬을 버리고 현풍 가택으로 돌아갔다. 이후 여러 차례에 걸쳐 관직 제수를 거부하고 낙향하였다가 1617년 4월 10일에 사망하였다.

그의 공적을 기리기 위해 광해군은 1617년에 '예연서원禮淵書院이라는 사원을 내렸고, 1709년에는 숙종이 병조판서兵曹判書 겸 지의금부사知義禁府事에 추증하였다.

저서로는 시문집인 『망우집』이 있으며, 이 시문집을 포함해 곽재우의 유품들은 보물 제671호로 지정되어 있다.

—

1916년 4월 22일

일제, 달성 공원에 신사를 건립하다

—

대구에 있는 달성 공원은 원래 달성 서씨 집안의 사유지였다가 조선 세종 때 서씨 문중이 국가에 헌납하여 고종 38년(1905)에 공원으로 조성되었다.

'달성'은 대구의 옛 이름인 달구벌에서 유래한 것으로 '달구벌의 토성'을 뜻한다.

1916년 4월 22일 일제는 이곳 달성 공원에 신사를 세웠다. 그리고 이 신사를 중심으로 천황을 신격화하여 자국 국민의 정신적 지배는 물론 식민지 지배에 이용하였다.

그러나 광복 후 1966년 8월 13일부터 실시된 대구시의 새로운 종합
공원 조성 계획에 따라 신사 일대의 건물이 정리되었다. 현재는 달성
공원 향토 역사관 2층에 신사 흔적으로 추정되는 작은 돌조각이 남아
있을 뿐 다른 흔적은 찾아볼 수 없다.

4월의
모든 역사

4월 23일

1447년 4월 23일

안견, 「몽유도원도」를 완성하다

우리 조정에는 유명한 화가 한 사람이 있는데 안견이라 한다.

지금은 호군(정4품의 벼슬)이 되었다.

총민하고 옛 그림을 많이 보아 여러 대가들의 좋은 점을 총합 절충
했다.

못 그리는 것이 없지만 산수화를 특히 잘했다.

-신숙주, 「화기」

중국 동진 때 무릉에 사는 한 어부가 배를 타고 가다 길을 잃었다. 어디선가 향기로운 냄새가 풍겨 따라가 보니 복숭아꽃이 만발한 도화림이었다. 계속 배를 저어 가자 이번에는 커다란 산이 앞을 가로막았다.

어부는 배에서 내려 불빛이 흘러나오는 동굴로 들어갔다. 한참을 걷자 갑자기 확 넓어지며 밝은 세상이 나타났다.

이곳 사람들은 전란을 피하여 왔다가 수백 년 동안 바깥세상과 연락을 끊고 산다고 하였다. 어부가 돌아갈 때 사람들은 이곳의 이야기를 입 밖에 내지 말라고 당부하였다. 그러나 어부는 나중에 다시 찾아 올 욕심으로 곳곳에 표시를 해두었다. 하지만 끝내 그곳을 다시 찾을 수는 없었다.

세종의 아들인 안평 대군은 평소 이 글을 즐겨 읽었다. 이 이야기는 도연명의 『도화원기桃花源記』에 나오는 내용이다.

1447년 4월 20일 밤 자리에 누운 안평 대군은 스르르 잠이 들었다. 그리고 어느새 깊은 꿈속에 빠졌다. 그는 박팽년과 함께 복숭아밭 어느 오솔길을 지나 숲 밖에 이르렀다. 그때 한 사람이 다가와 도원으로 가는 길을 일러주었고 골짜기를 돌아가자 확 트인 마을이 나타났다.

산과 들은 사방에 바람벽처럼 치솟았고 구름과 안개가 자욱한 가운데 복숭아밭이 펼쳐졌다. 초가집이 있었는데 싸리문은 반쯤 닫혀 있고 흙 담은 무너졌으며 닭과 개는 아무 소리도 내지 않았다. 집 앞 냇물에는 오직 조각배만 물결을 따라 오락가락하니 마치 신선의 마을 같았다.

꿈에서 깬 안평 대군은 너무나 아쉬웠다. 비록 꿈이었지만 도원의 풍경이 혼자 보기에는 너무나 아까웠던 것이다. 그는 당장 안견을 불러들였다. 안견이라면 꿈속의 세계를 잘 그려낼 수 있을 거라고 믿었기 때문이다.

몽유도원도

안견은 안평 대군의 꿈 이야기를 듣고는 불과 사흘 만인 4월 23일에 그림을 완성하였다. 이것이 「몽유도원도夢遊桃源圖」이다.

안평 대군은 그림을 보자마자 꿈속에서 본 것과 똑같다며 감탄을 금치 못했고 곧 주위 사람들을 불러 자랑하였다. 안평 대군은 '몽유도원도'라는 제목을 직접 써서 두루마리의 앞 부분을 장식하였다. 이어 박팽년, 최항, 신숙주 등에게도 찬시와 찬문을 부탁하였다.

「몽유도원도」는 안견의 화풍이 잘 드러나 있는 작품이다.

이 그림은 일반적인 경우와 달리 왼쪽 아래에서 오른쪽 위로 대각선을 따라 이야기를 전개시킨다. 그림은 현실과 이상 세계를 함께 담고 있는 구조이다. 즉 그림 왼쪽의 야산은 인간이 사는 속세를 나타내며 오른쪽 도원은 신선이 사는 세계를 의미한다.

도원은 다시 바깥쪽 입구 → 안쪽 입구 → 도원의 세 부분으로 나누어진다. 이 때문에 「몽유도원도」는 몇 개의 경관이 따로 존재하지만 전체적으로는 훌륭한 조화를 이루고 있다. 안견은 속세를 나지막한 야산으로, 도원을 바위산에 둘러싸인 높은 지대로 묘사하였다.

안견은 왼쪽의 속세는 정면의 시각으로 묘사하고 바위에 둘러싸인 도원의 세계는 부감법으로 처리하였다. 이를 통해 도원은 확 트인 넓은 세계로 탄생할 수 있었던 것이다. 안견은 이런 구도상의 문제뿐 아니라 나무, 산, 물, 집 등의 전체 경관을 아주 섬세하게 그려내었다. 그야말로 안견의 재주가 모두 녹아 있는 작품이었다.

안견은 조선 전기 산수화의 거장이었지만 초상화는 물론 매화나 대나무, 누각 등 다양한 주제로 그림을 그렸다.

현재 안견의 작품으로 확실한 것은 「몽유도원도」뿐이다. 중종 대의 문신 김안로는 "안견은 옛 그림을 눈에 많이 익혀 명가들이 이루었던 깊은 뜻을 깨달았다. 그는 산수화에 가장 뛰어났는데, 곽희를 그리면 곽희가 되고, 이필이나 유융, 마원 등을 그려도 또한 그와 같았다."라고 평가하였다.

「몽유도원도」는 안견의 대표적인 작품으로 조선 초기 문화의 기념비적인 성격을 띠고 있는 불후의 걸작이다. 또한 안견은 한국 회화사에 으뜸으로 꼽히는 거장으로 한국 산수화 발전에 큰 영향을 끼쳤다.

그런데 아쉽게도 「몽유도원도」는 지금 우리 곁에 없고 바다 건너 일본의 덴리대학 중앙 도서관에 보관되어 있다.

1865년 4월 23일

비변사가 폐지되다

조선은 건국 초기부터 의정부와 6조를 중심으로 하는 행정 체계를 갖추고 있었다. 따라서 민정과 군무 모두 의정부가 맡아서 다스리고 정2품 이상의 문관이 회의하여 결정 사항을 시행하였다.

그러나 성종(재위 : 1469~1494) 대에 이르러 왜구와 여진의 침입으로 나라가 어지러워지자 문관과 함께 변경의 사정에 밝은 종2품 이상의 무관이 참석하여 군사 방략을 협의하도록 하였다.

중종 5년(1510)에 삼포왜란이 일어나자 도체찰사都體察使가 설치되었고, 다시 병조 안에 1사를 두어 종사관에게 사무를 맡기면서부터 비변사라 칭해졌다.

그러나 당시의 비변사는 임시로 설치된 관청으로 변경 등에서 외침이 있을 때만 편성되었다. 그 후 명종 9년(1554)에 정규 관청으로 독자적인 합의 기관이 되었고 이듬해 청사가 설치되어 도제조, 제조, 낭청이 정해졌다.

비변사는 임진왜란과 정유재란을 연이어 겪은 이후 그 기능이 크게 강화되어 군사는 물론 정치, 경제, 외교, 문화 등 국내의 일반 행정도 모두 결정하게 되었다. 이 때문에 비변사는 의정부와 6조를 중심으로 하는 국가 행정 체제를 문란하게 만든다고 인식되었고 마침내 그 권한을 축소시키자는 주장이 대두되었다.

결국 고종 1년(1864)에는 의정부와 비변사의 업무 한계를 규정하여 외교, 국방, 치안 단계를 제외한 모든 사무를 의정부에 이관하였고 1865년 4월 23일에 비변사는 폐지되었다.

1919년 4월 23일

한성 임시정부 수립 선포

1919년 4월 23일에 전국 13도를 대표하는 24명이 서울에 모여 한성 임시정부 수립을 선포하였다.

한성 임시정부는 국민 대회에서 약법 '제1조 국체는 민주제를 채용한다' '제2조 정체는 대의제를 채용한다' 등을 명시하였다. 이로써 한성 임시정부가 3 · 1운동의 정통성을 이은 민주 공화제임을 명백히 하였다. 이후 9월 11일에는 대한민국 임시정부의 임시 헌법이 공포됨에 따라 한성 임시정부는 상하이 대한민국 임시정부에 통합되었다.

1960년 4월 23일

장면, 부통령 사임

1946년 정계에 입문한 장면은 1951년 국무총리가 되었으나 이듬해 사임하고 1956년에 치러진 정부통령 선거에서 부통령에 당선되었다.

한편 1960년 3월 15일에는 자유당 정권에 의해 대대적인 부정 선거가 자행되었는데 이는 4 · 19 항쟁의 도화선이 되었다. 전국에서 연일 시위가 계속되자 장면은 자유당 정권에 재선거를 주장하였다. 그러나 이 같은 주장은 받아들여지지 않았다. 그러자 장면은 임기 4개월을 남겨 두고 1960년 4월 23일 부통령직을 사퇴하였다.

장면이 사퇴하자 하루 뒤인 24일에 부통령 당선자 이기붕이 공직에서 물러났으며 이승만은 하야 성명을 발표하고 29일 하와이로 망명하였다.

이로써 자유당 정권이 붕괴되고 대한민국 역사상 유일한 내각제 기반의 제2 공화국이 탄생하게 되었다.

* 1949년 2월 22일 '장면, 초대 주미 대사 임명' 참조
* 1960년 3월 15일 '3 · 15 부정 선거가 일어나다' 참조
* 1960년 4월 19일 '4월 혁명이 시작되다' 참조

4월의
모든 역사

4월 24일

:
:

1756년 4월 24일

암행어사 박문수가 사망하다

암행어사는 본래 어사의 일부로, 조선 시대에 왕명을 받고 비밀리
에 지방을 순행하면서 백성의 사정을 비밀리에 살피며 부정을 관
리하던 임시 관리였다.

중종 4년(1509)에 처음 암행어사란 용어를 사용하기 시작하였으
며 이때부터 본격적으로 암행어사 제도가 시행된 것으로 보인다.
조선 후기에는 암행어사 제도가 발전되어 삼정三政(전정, 군정, 환곡)
의 문란과 관리들의 근무 실적 조작 등을 구체적으로 살피게 하는
등 그 권한을 강력하게 규정하였다.

암행어사 제도는 그 후 400년간 지속되다 고종 29년(1892)에 전라
도 암행어사였던 이면상을 마지막으로 역사 속에서 사라지게 되
었다.

목천 IC를 빠져 나와 병천으로 향하다 보면 제법 높다란 산 하나가 왼쪽에 보인다. 바로 은석산이다. 이곳에 암행어사의 대명사인 박문수가 잠들어 있다. 그러나 그의 처음 묏자리는 은석산이 아니라 목천의 흑성산이었다고 한다. 역설적이지만 그곳이 너무 명당이었던 게 문제였다.

박문수가 병천에 머물고 있을 때 유명한 지관을 만났다. 박문수는 자기가 죽으면 묻힐 묏자리를 부탁했다. 며칠을 여기저기 돌아다닌 끝에 지관이 이르기를 "흑성산의 풍수를 보면 그 맥과 혈이 금계포란형(닭이 알을 품고 있는 형상)에 해당되는 천하의 길지입니다. 그런즉 흑성산에 묘를 쓰면 나라에서 이곳을 크게 쓸 일이 생겨 반드시 2~3백 년 뒤에 이장하게 될 것입니다. 차라리 10리 남쪽으로 내려가 은석산에 묘를 쓰십시오." 하고 권하였다.

이에 박문수는 은석산 아래 쪽에 시장을 하나 만들었다. 이곳이 바로 아우내 장터로 유관순 열사가 독립운동을 벌였던 곳이다. 지금 흑성산에는 독립기념관이 들어서 있다.

박문수는 1691년 박항한의 아들로 태어났다. 경종 3년(1723)에 증광시에 응시하여 병과로 급제하였는데 여기에는 재미있는 이야기가 전한다.

과거를 보러 한양에 올라가던 박문수는 중간에 하룻밤을 묵게 되었다. 그런데 깊은 밤, 갑자기 누가 죽었다며 집 안에서 곡소리가 들렸다. 피곤했던 박문수는 곧 잠에 빠졌는데 꿈에 귀신이 나타나 자기는 억울하게 죽었다며 눈물을 펑펑 쏟았다. 그러면서 과거에 합격하도록 도와줄 테니 나중에 꼭 원수를 갚아달라고 부탁하였다. 귀신은 이번 과거 시험에는 '낙조落照'가 나온다며 자기가 읊어 주는 대로 시를 써 내라고

하였다.

落照吐紅掛碧山 낙조는 푸른 산에 걸려 붉게 토하고
寒鴉尺盡白雲間 찬 가마귀는 흰구름 사이로 사라진다
問津行客鞭應急 나루터를 묻는 나그네는 말채찍이 급하고
尋寺歸僧杖不閑 절 찾아 돌아오는 중의 지팡이는 바쁘다
放牧園中牛帶影 방목하는 들판에는 소 그림자 드리워지고
望夫臺上妾低鬟 망부대 위엔 아낙네의 쪽 그림자가 낮구나

귀신이 막 여기까지 읊고 있는데 갑자기 닭 우는 소리가 들렸다. 이 소리에 놀란 귀신은 황급히 사라졌다.

박문수가 시험장에 도착하니 정말 귀신의 말 그대로였다. 그는 붓을 잡자마자 거침없이 써 내려 갔다. 하지만 귀신이 가르쳐 주지 못한 제7구와 제8구가 문제였다. 한참을 고민하다 그는 다음과 같이 써넣었다.

蒼然古木溪南路 창연한 고목이 선 시냇가 남쪽 길에는
短髮草童弄笛還 짧은 머리 초동이 피리 불며 돌아온다

박문수의 시를 받아 본 시험관들은 모두 탄복하였다. 그러나 한 시험관이 "제1구에서 제6구까지는 귀신의 냄새가 나지만 제7구와 제8구는 사람 냄새가 난다."고 하여 장원은 되지 못하였고 병과에 합격시켰다. 이후 박문수는 예문관 검열에 기용되었다.

1723년 문과에 급제하여 예문관 검열에 기용되었다가 이듬해 세제 시강원世子侍講院의 설서說書가 되었다. 박문수가 관직에 오를 당시에는 정

치적으로 소론과 노론이 극심하게 대립하고 있었는데 박문수는 소론에 속하였다. 이 때문에 1724년 영조가 즉위하고 노론이 집권하자 관직을 박탈당하였다.

그러나 1727년 정미환국을 통해 소론이 다시 세력을 얻자 사서로 기용되었다. 이어 영남 지방에 암행어사로 나가 '어사 박문수'의 신화를 창조하기 시작한다. 청렴하고 강직했던 그는 백성들의 고혈을 빼는 부정한 관리들을 추상같이 다스렸다. 이 때문에 고을 수령들에게 박문수는 저승사자가 나타난 것과 같았다.

이듬해인 영조 4년(1728)에 이인좌의 난이 일어나자 박문수는 오명항의 종사관으로 출전하여 난을 진압하는 데 큰 공을 세웠다. 이로 인해 경상도 관찰사로 발탁되고 영성군에 봉해졌다. 이후 다시 충청도에 암행어사로 나가 굶주린 백성들을 구제하는 데 힘써 많은 칭송을 받았다.

박문수는 이후에도 여러 벼슬을 거치지만 성품이 너무 강직했던 탓인지 끝내 재상에는 오르지 못하고 1756년 4월 24일 눈을 감았다.

박문수는 이름 앞에 '어사'가 붙을 때 그 이름이 제대로 살아난다. 어사 또한 박문수와 결합이 되었을 때라야 그 진정한 무게가 느껴진다. '어사 박문수'는 이제 또 하나의 고유 명사로 자리 잡은 느낌이다. 그만큼 박문수는 어사로서 누구보다도 뛰어난 활약을 펼쳤다.

1987년 4월 24일

통일민주당 창당 방해 사건 발생

1987년 4월 20일 통일민주당 창당을 방해하며 폭력을 행사한 일명 '용팔이 사건'이 발생하였다.

당시 '용팔이'로 불렸던 김용남은 전북 지역의 폭력배를 동원하여 통일민주당 전국 18개 지구당의 창당 대회장에 난입하여 당원을 폭행하고 기물을 부수는 등 난동을 부렸다. 이 때문에 통일민주당의 창당 대회는 결국 인근 식당과 길거리에서 치러졌다.

이 사건은 당시 야당이었던 통일민주당의 창당을 방해하기 위해 폭력을 행사한 것으로 과거 깡패 정치의 대표 사건으로 꼽힌다. 그 후 이 사건은 1988년 9월 김용남과 이선준 당시 신민당 청년 부장이 검거되면서 일단락되었다.

2002년 4월 24일

군산 앞바다에서 고려청자 450여 점 발굴

2002년 4월 24일 전라북도 군산시 비안도 바다 속에서 12세기 후반의 고려청자 450여 점이 그 모습을 드러냈다.

청자는 세계적으로 가장 훌륭한 그릇으로 평가되는데 당시 이 그릇을 만들어 낼 수 있는 나라는 우리나라와 중국뿐이었다. 고려청자는 세계적인 명품으로 특히 그 비색이 중국의 것보다 훨씬 아름답다.

군산 앞바다에서 발견된 고려청자는 한 어부가 고기잡이를 하다가 발견한 것으로 국립해양유물전시관과 문화재청이 발굴하여 인양하였다. 그동안 15차례 있었던 고려청자의 해저 발굴 사상 가장 질 좋은 것으로 밝혀졌다.

이 청자들은 고려청자 전성기인 12세기 후반에 제작된 것으로 주로 연꽃과 모란 무늬가 새겨져 있었다. 그중 150여 점은 형태가 온전히 보존되어 있었으며 이 외에도 대접과 접시, 잔 등이 다양하게 발굴되었다.

1997년 4월 24일

노사관계개혁위원회 출범

1996년 당시 한국의 경제 규모는 세계 11위였으나 노사 관계의 현실은 이 같은 발전에 걸맞지 않게 많은 문제점을 앉고 있었다. 이에 정부는 당시 김영삼 대통령의 '노사 관계 구상 발표'를 계기로 본격적인 개혁 작업을 추진하였다.

그 결과 1997년 4월 24일 대통령 직속의 '노사관계개혁위원회'가 출범하게 되었다. 초대 위원장에는 현승종이 취임하였으며 위원장과 부위원장을 포함하여 모두 30명으로 구성되었다.

특히 노동계 대표로 한국노총 계열 3명, 민주노총 계열 2명이 위촉된 것이 특징이었다. 위원회는 그동안 「공공 부문 노사 관계」「쟁의 행위」「노사 협의제」「임금·퇴직금 제도」「노동 조합의 활동」 등의 다수의 연구서 및 보고서를 통해 노사 관계 개선에 이바지하였다.

1950년 4월 24일

제1회 대한민국전람회 개최

1950년 4월 24일 경복궁 미술관에서 제1회 대한민국미술전람회가 개최되었다.

대한민국미술전람회는 동양화, 서양화, 조각, 건축, 사진 등 미술 분야에서 시행된 공모전으로 흔히 국전國展으로 불렸다.

국전은 신인 작가 등용을 위한 공모전 외에도 기존 작가들의 전시가 함께 열렸다. 이를 통해 많은 작가들이 배출되어 국전은 우리나라 미술 분야의 발전에 중요한 역할을 해왔다.

그러나 국전의 본래 취지였던 신인 작가 발굴 부문보다 기존 작가의 비중이 높아지자 이를 둘러싼 잡음이 끊이지 않았다.

결국 국전은 1981년 제30회를 마지막으로 폐지되고 이듬해인 1982년부터는 신인 작가의 발굴만을 위한 대한민국미술대전이 신설되었다.

4월의
모든 역사

4월 25일

■
·
·
■

1912년 4월 25일

근대 불교의 위대한 선승, 경허 스님이 입적하다

마음만 홀로 둥글어

그 빛 만상을 삼켰어라

빛과 경계 다 공한데

또다시 이 무슨 물건이리요

-경허 스님, 열반송

1912년 4월 25일 한국 근대 불교에서 선종을 중흥시킨 대선사 경허 스님이 법랍 56세로 입적하였다.

경허 스님은 1846년 전라북도 전주에서 태어났다. 속명은 송동욱이고 법호는 경허이다. 9세 때 과천의 청계사로 출가하였고 이후 계룡산 동학사의 만화강백萬化講伯 밑에서 불교 경론뿐 아니라 유학과 노장 사상, 제자백가 등을 모두 섭렵하였다.

다음은 경허 스님의 용맹정진勇猛精進과 관련된 일화이다.

1879년 경허 스님은 스승인 계허 스님을 찾아 다시 한양으로 향하였다. 심한 폭풍우를 만나 가까운 인가에서 비를 피하려고 하였지만 마을에 돌림병이 유행하여 집집마다 문을 굳게 닫고 있었다. 비를 피하지 못하고 마을 밖 큰 나무 밑에 밤이 새도록 앉아 있었다. 거센 빗줄기를 맞으며 죽음의 공포에 시달리다가 이제까지 생사불이의 이치를 문자 속에서만 터득하였음을 깨닫게 되었다.

이튿날 동학사로 돌아 온 스님은 학인들을 모두 돌려보낸 뒤 조실에 들어가 용맹정진하였다. 창문 밑으로 주먹밥이 들어올 만큼의 구멍을 뚫어 놓고 한 손에는 칼을 쥐고, 목 밑에는 송곳을 꽂은 널판자를 놓아 졸음이 오면 송곳에 찔리게 하여 잠을 자지 않고 정진하다가 석 달째 되던 날 오도悟道하였다.

그 뒤 천장암으로 옮겨 수행을 계속하다가 1886년에 6년 동안의 수행을 마치고 옷과 탈바가지, 주장자 등을 모두 불태운 뒤 무애행無碍行에 나섰다.

1904년 천장암에서 최후의 법문을 한 뒤 사찰을 떠나 박난주朴蘭州로 개명하고 함경도 갑산, 강계 등지에서 서당 훈장이 되어 아이들을 가르쳤다. 그는 고기와 술을 먹기도 하고 알몸 법문을 하는 등 그 당시 일상적인 안목에서 보면 파계승으로 보일 수도 있는 괴이한 일화를 많이 남겼다.

경허 스님은 산중에 은거하는 독각선이 아니라 대중 속에서 선의 이념을 실현하려고 노력하였다는 점에서 선의 혁명가로 평가받고 있다.

그래서 법상에서 행한 설법뿐만 아니라 대화나 문답을 통해서도 언제나 선을 선양하였고, 문자의 표현이나 특이한 행동까지도 선으로 겨냥된 방편이요, 작용이었다.

경허 스님의 이 같은 노력으로 우리나라의 선풍은 새로이 일어났고 문하에도 많은 선사들이 배출되어 새로운 선원들이 많이 생겨났다.

현재 한국 불교의 대표 종단인 조계종이 그 정신을 이어가고 있다. 저서에는 『경허집鏡虛集』이 있다.

1923년 4월 25일

백정 권익 보호 단체, 형평사 발족

1923년 4월 25일 경상남도 진주에서 백정들을 중심으로 형평사가 조직되었다.

이 조직은 백정들의 권익을 보호할 목적으로 설립되었으며 백정들과 진주 지역 사회운동가 70여 명이 참여하였다.

백정은 1894년 갑오경장의 신분제 철폐에 따라 법제상으로는 분명 해방되었지만 여전히 사회적인 차별을 받았다. 이들은 도살업, 제혁 등에 종사하는 천민으로 주로 전라도, 충청도, 경상도 일대에 많이 있었다.

일반인과 혼인은 물론 같은 마을에서 함께 살지도 못하였고 호적에 도살업자를 의미하는 도한屠漢이나 붉은 점이 표시되어 자식에게까지 차별이 세습될 정도였다.

이런 폐단을 해결하고자 설립된 형평사는 이후 빠른 속도로 조직을 확대하여 창립 10개월 만에 12개 지사, 67개 분사를 설치할 정도로 급성장하였지만 일제의 탄압으로 1920년대 중반 이후 그 세력이 약화되었다.

그 후 형평사는 점차 사회 운동의 성격을 잃게 되었으며 1935년부터는 그 이름을 대동사大同社로 변경하여 피혁 회사를 운영하였다.

1969년 4월 25일

한국감정원 설립

1969년 4월 25일 정부와 한국산업은행 외 5개 은행의 공동 출자로 한국감정원이 설립되었다.

한국감정원은 부동산의 가치를 평가하고 조사하는 기업으로, 부동산의 감정 평가는 1989년 '지가 공시 및 토지 등의 평가에 관한 법률'의 제정 이후 제도적으로 정착되었다.

1990년에 일본 부동산 연구소와 업무 협약을 맺었으며 1997년부터는 부동산 전문가 양성을 위한 교육을 시작하였다. 이후 2003년에는 공공사업 보상을 담당하는 공익 사업 보상 전문 기관으로 지정되었다.

1926년 4월 25일

조선의 마지막 왕, 순종 승하

조선의 마지막 왕 순종은 1874년에 고종과 명성황후의 둘째 아들로
태어났다.

그는 태어난 이듬해 2월 왕세자로 책봉되었고 1907년 7월 고종의 양
위를 받아 대한제국의 황제로 즉위하였다. 아우인 영친왕을 황태자로
책립하였고 이후 덕수궁에서 창덕궁으로 거처를 옮겼다.

약 4년간에 걸친 순종의 재위 기간은 조선 왕조의 종언을 고하게 되
는 시기이자 민족사의 주권을 수호하려는 저항의 시기였다.

순종이 즉위한 직후인 1907년 7월 일제는 이른바 한일신협약(정미7
조약)을 강제로 성립시켰다. 이에 따라 일본인의 한국 관리 임용을 허
용하여 사실상 국내 정치는 일본인의 손에 넘어갔다. 8월에는 다시 일
본의 압력으로 대한제국 군대를 해산하였으며, 12월에는 황태자가 유
학이라는 명목으로 일본에 인질로 잡혀갔다.

1908년에는 동양척식회사의 설립을 허가하여 경제 침탈의 길을 열
어 주었다. 또한 일제는 한국의 민정을 살펴가며 국권 탈취 공작을 추
진하여 1910년 8월 29일에 한일 합병 조약으로 국권을 탈취하였다.

이후 순종 황제를 창덕궁 이왕으로 강등시켰으며 폐위된 순종은 창
덕궁 흥복전에 기거하다 1926년 4월 25일 승하하였다.

이로써 조선 왕조는 제27대 519년 만에 역사 속으로 사라졌다.

* 1963년 11월 22일 '영친왕 이은, 56년 만에 일본에서 귀국' 참조

—

2001년 4월 25일

민병옥, 성공회 사상 첫 여성 사제 임명

—

2001년 4월 25일 민병옥(카트리나) 신부가 성공회 사상 첫 여성 사제
로 임명되었다.

우리나라에 여성 사제가 탄생한 것은 1890년 영국인 코프 주교에 의
해 성공회가 전파된 지 111년 만의 일이다.

민병옥 신부는 1978년 성공회대학교를 졸업한 뒤 부산교구 파송 전
도사와 어머니 연합회 간사를 지냈다. 그녀는 보통의 남성 사제들이 신
학 공부를 마친 후 부제서품을 받기까지 1,2년이 걸리는 것과는 달리
무려 22년 동안을 전도사로 활동하다가 비로소 사제 서품을 받을 수
있게 되었다.

민병옥 신부는 사제 서품을 받은 이후 10년간 목회 활동을 더 하다
가 2011년 4월 26일 은퇴하였다.

4월의
모든 역사

4월 26일

1890년 4월 26일

육당 최남선이 태어나다

오등은 자에 아 조선의 독립국임과 조선인의 자주민임을 선언하노라. 차로써 세계만방에 고하야 인류 평등의 대의를 극명하며, 차로써 자손만대에 고하야 민족자존의 정권을 영유케 하노라.

-최남선,「독립선언문」

청년학도 제군! 역사가 있은 이래의 성전인 금번의 대동아 전쟁은 지금 바야흐로 결전 단계에 들어가 마침내 우리 청년 학도들의 출진을 요망하게 된 것이다. 바라건대 일본 국민으로서의 충성과 조선 남아의 의기를 발휘하여 부여된 광영의 이 기회에 분발 용약하여 한 사람도 빠짐없이 출진하기를 바라는 바이다.

-최남선,『동명』

두 글은 모두 일제 시대에 한국인이 쓴 글이다. 과연 누가 썼던 글일까. 내용을 살펴보면 첫 번째 글은 비장한 마음으로 조선의 독립을 선언하고 있는데 두 번째는 일제의 충성스런 국민으로서 대동아 전쟁에 나가 총알받이가 되라고 말하고 있다.

누가 봐도 첫 번째는 독립운동가가, 두 번째는 친일 부역자가 쓴 것처럼 보인다. 그러나 놀랍게도 두 글의 주인공은 한 사람이다. 바로 최남선이다.

육당 최남선은 1890년 4월 26일 서울에서 관상감 기사로 근무하던 아버지 최헌규의 차남으로 태어났다. 아버지는 한약방도 운영하고 있었기 때문에 집안은 넉넉한 편이었다.

최남선은 어려서부터 글을 배우기 시작해 12세에는 「황성신문」에 투고를 할 만큼 글재주가 있었다. 1906년 일본으로 건너가 와세다대학에 입학하였으나 그해 6월 자퇴하였다. 이 학교에서 열린 모의국회 당시 조선의 합방을 안건으로 내걸자 조선인 학생 70명이 동맹 퇴학을 한 것이었다. 일본에서 귀국한 그는 1908년에 우리나라 최초의 잡지인 『소년』을 창간하고 「해에게서 소년에게」를 발표하였다.

최남선은 1910년 조선 광문회를 창설하였는데 그 의미가 자못 크다. 조선 광문회는 우리 고전의 수집 · 간행과 보급을 통해 민족정신을 일깨우기 위한 계몽 운동이었기 때문이다. 박은식도 여기에 가담하여 『삼국사기』『해동역사』『경세유표』등 많은 고전을 간행하였다.

1914년에는 잡지 『청춘』을 새로 간행하였는데 1918년 6월호에 「계고차존」이라는 상고사 연구를 발표하였다. 이 논문은 단군 시대를 비롯하여 부여, 옥저, 예맥 등을 다룬 것으로 한국의 전통적 역사 인식을 반영한 것으로 평가된다.

한편 1919년 고종의 사망이 일제의 독살에 의한 것이라는 소문이 돌자 민심은 극도로 흉흉해졌다. 이를 계기로 본격적인 3·1 운동이 계획되었고 최남선이 그 독립 선언문의 기초를 맡았다.

그는 낮에는 연락 사무를 보고 밤에는 글을 쓰는 식으로 작업을 진행하여 글을 완성하였다. 아주 장엄한 문체로 원대한 사상을 담아 독립의 정당성을 밝힌 명문장이었다. 이 사건으로 체포된 그는 2년 6개월의 형을 선고 받았으나 이듬해 가석방으로 풀려났다.

그리고 곧 최남선의 변절이 시작되었다. 1922년 최남선은 동명사를 설립하고 주간지 『동명』을 창간할 당시 사이토 총독의 측근인 아베에게 편지를 보내 청원하였다.

이에 총독부는 『동명』의 운영 자금을 지원하고 최남선에게도 거액의 생활비와 주택을 제공하였다. 『동명』의 창간호에서 민족의 독립을 부정하고 개량주의를 제시하는 글이 실린 것은 우연이 아니었다.

1928년부터 최남선은 본격적으로 친일의 길로 돌아섰다. 총독부 소속인 조선사편수회에 들어가 내놓고 일본과 결탁하기 시작한 것이었다. 그곳은 조선의 역사를 왜곡하여 일제의 조선 침략을 이론적으로 뒷받침하던 단체였다.

그 후 최남선의 친일 행각은 점점 도를 더해갔다. 먼저 그는 총독부 최고의 영예직인 중추원 참의로 임명되었다. 조선사편수회에서의 공로에 대한 대가였다.

그의 친일 행적은 일제 말까지 계속되었다. 1943년에는 총독부의 부탁으로 소설가 이광수 등과 함께 일본 국민으로서의 충성을 강조하며 조선의 젊은이들을 전쟁터로 내몰았다. '역사는 처음이 나중을 결정하는 것이 아니라 나중이 처음을 결정한다.'라는 말은 바로 최남선에게 딱 들어맞는 표현이다.

1949년 2월에 친일 반민족 행위로 체포되어 서대문 형무소에 수감되었을 당시 옥중에서 자백서를 통해 최남선은 자신의 친일 사실을 모두 인정하였다. 그러나 자신의 과오를 뉘우치기보다는 변명으로 일관하였다.

이후 병보석으로 풀려난 후에는 신문과 잡지에 한국의 역사와 관련된 기고 활동을 하다가 1957년 10월 10일 사망하였다.

저서에는 『조선역사』 『삼국유사해제』 『조선독립운동사』 등이 있다.

—

1592년 4월 26일

신립, 충주 탄금대에 배수진을 치다

—

1592년 4월 임진왜란이 발발하자 조정에서는 신립을 삼도 순변사에 임명하였다. 이에 신립은 김여물과 수백 명의 무리를 이끌고 충주에 도착하였다. 아군의 수가 열세임을 들어 김여물 등은 지형이 험한 조령에서 전투를 벌일 것을 주장하였다.

그러나 신립은 4월 26일 달천을 뒤로하고 충주성 서북 4km 지점에 있는 탄금대에 배수진을 쳤다.

이어 신립은 고니시 유키나가가 이끄는 대군과 당당히 맞섰으나 중과부적이었다. 결국 4월 28일 적의 대대적인 공격으로 아군이 섬멸되자 김여물 등과 함께 강물에 투신하였다.

1933년 4월 26일

소설가 김동인, 『운현궁의 봄』 연재 시작

흥선 대원군에게 많은 흥미와 매력을 느끼고 있었던 소설가 김동인은 대원군을 주인공으로 한 야담 소설을 많이 창작하였다.

그중 『운현궁의 봄』은 1933년 4월 26일부터 1934년 2월 15일까지 「조선일보」에 연재되었다.

이 소설은 가난하고 불우한 나날을 보내던 이하응이 대원군이 되기까지의 과정을 생생하게 그리고 있다. 또한 자신의 목표를 성취하기 위해 세도가들의 천대와 사람들의 손가락질을 무릅쓰고 목적을 이루는 과정을 흥미진진하게 묘사하여 독자들에게 큰 호응을 얻었다.

4월의
모든 역사

4월 27일

1968년 4월 27일

충무공 이순신 장군의 동상이 건립되다

순신은 어린 시절 얼굴 모양이 뛰어나고 기풍이 있었으며 남에게
구속을 받으려 하지 않았다. 다른 아이들과 모여 놀라치면 나무를
깎아 화살을 만들고 그것을 가지고 동리에서 전쟁놀이를 하였으며,
자기 뜻에 맞지 않는 자가 있으면 그 눈을 쏘려고 하여 어른들도
그를 꺼려 감히 그의 문 앞을 지나려 하지 않았다. 또 자라면서 활
을 잘 쏘았으며 무과에 급제하여 발신發身하려 하였다. 또 자라면서
말타고 활쏘기를 좋아하였으며 더욱이 글씨를 잘 썼다.

-유성룡,『징비록』

　1968년 4월 27일 서울 세종로 광화문 네거리에 충무공 이순신 장군
의 동상이 건립되었다.

　충무공 이순신 장군의 동상은 당시 서울대학교 미술대학 조소과 교
수였던 김세중의 작품으로 1967년 3월 20일에 착공하여 총 13개월 만
에 완성되었다. 그는 절두산 성당과 혜화동 성당, 장충동 유관순 열사
의 동상 등을 비롯한 많은 애국 기념물의 조각에 참여하였다. 그 가운
데 충무공 이순신의 동상은 길이 남을 수작으로 꼽힌다.

　특히 충무공 이순신의 동상은 국가의 심장부로 통하는 광화문 네거
리에 위치하여 국가를 수호하는 지킴이의 역할을 하고 있다. 또 차로의
중앙 분리대라는 비교적 넓은 공간에 설계되어 있어 멀리서도 이순신
장군의 동상을 바라볼 수 있다.

　한편 이순신 동상은 오랜 세월을 거치며 심각한 균열이 발견되어
2009년 11월 임시 철거되어 경기도 이천의 공간미술로 옮겨져 본격적
인 보수 작업에 들어갔다. 특히 균열이 심했던 거북선 부위에는 덧판을
붙이고 5차례 이상 용접하였다. 또한 동상 내부에 스테인리스 보강재
를 넣어 지진과 태풍에 견딜 수 있도록 보완하였으며 청동이 부식되지
않도록 동상 표면에 암녹색으로 색을 입히고 코팅하였다. 약 40일간의
보수 기간을 마치고 마침내 2010년 12월 23일 이순신 동상은 새로이
탄생하게 되었다.

　1592년 임진왜란 당시 일본군을 물리치는 데 큰 공을 세운 조선 시
대의 명장 충무공 이순신은 1545년 4월 28일 서울 건천동(현 인현동)
에서 태어났다.

　그는 1572년 무인 선발 시험인 훈련원별과訓鍊院別科에 응시하였으나
말에서 떨어져 왼쪽 다리에 부상을 입는 바람에 실격하였다. 그 후 4년

뒤인 1576년 식년 무과에 병과로 급제한 뒤 권지훈련원봉사權知訓練院奉事
로 처음 관직에 올랐다. 1589년 유성룡에게 추천되어 고사리첨사高沙里僉
使로 승진하였으며 전라좌도수군절도사를 거쳐 좌수영左水營에 올랐다.

1592년 4월 14일 임진왜란이 발발하자 이순신은 경상우수사 원균元
均으로부터 왜선 350여 척이 부산 앞바다에 정박 중이라는 통보에 이어
부산과 동래가 함락되었다는 급보를 들었다. 이 소식을 접한 이순신은
즉시 전선을 정비하였다. 이순신 휘하의 전함은 4월 29일 수영 앞바다
에 총집결하였고 그는 5월 4일 새벽 출진을 명하였다.

마침내 5월 7일 옥포玉浦 앞바다에서 왜군과 첫 해전을 벌여 왜선 30
여 척을 격파하였는데 이 싸움이 옥포 대첩으로 그의 첫 해전이었다.
이어 사천 해전 당시에는 거북선을 처음 사용하여 왜선 13척을 격파하
였으며 당포 해전, 당항포 해전, 안골포 해전, 부산포 해전 등에서 연이
어 승리하며 혁혁한 공을 세웠다.

그러나 이순신은 1598년 11월 19일 명나라 제독 진린과 함께 노량
해협에 모여 있던 일본군을 공격하던 중 왼쪽 가슴에 총탄을 맞고 쓰러
졌다. 그 순간 그는 전열이 흐트러질 것을 우려해 "싸움이 한창 급하니
나의 죽음을 아무에게도 알리지 말라."는 마지막 말을 남기고 전사하였
다. 이순신의 마지막 전투인 노량 해전을 끝으로 7년간의 전란도 비로
소 끝이 났다.

이순신은 1604년 선무宣武 1등 공신과 덕풍부원군德豊府院君에 책봉되었
으며 1793년에는 영의정이 더해졌다. 묘소는 아산시 어라산於羅山에 있
으며 통영 충렬사(사적 제236호), 여수 충민사(사적 제381호) 등에 배향
되었다.

―

1504년 4월 27일

인수대비가 사망하다

―

1504년 4월 27일 세조의 맏아들 덕종의 비이자, 성종의 어머니인 인수대비가 68세로 세상을 떠났다.

손자인 연산군이 자신의 어머니인 폐비 윤씨가 사약을 먹고 죽었다는 사실을 알고 보복하려 하자 이를 꾸짖다가 연산군의 머리에 받혀서 결국 죽음에 이른 것이다.

인수대비는 1437년 서원부원군 한확의 막내딸로 태어났다. 그녀는 세조 1년(1455) 세자빈에 간택되어 수빈에 책봉되었다.

인수대비는 세자빈에 책봉될 당시만 해도 왕후의 자리는 그리 먼 일이 아니었다. 그러나 느닷없는 지아비 의경세자의 죽음으로 그 꿈은 좌절의 위기에 처하였다.

그러나 인수대비는 권력이 무엇인지 아는 사람이었다. 그녀는 불과 20세에 조선 정국의 핵으로 부상하게 되는데 그 사건은 바로 '석실 능묘 사건'이었다.

예종 1년(1467년) 9월 어느 날, 세자빈 수빈 한씨는 임금 앞으로 난데없이 주청서를 올려 세조의 봉분을 석실石室로 만들 것을 강력히 요청하였다. 세조는 백성들에게 부담을 준다 하여 석실 봉분을 만들지 말라하였고, 그 아들 예종은 선왕의 유지를 그대로 따르고 있을 때였다.

그러나 수빈은 '효'를 빙자하면서 신숙주, 한명회, 박원형 등 훈구 세력과 결탁하여 석실 능묘 축조를 시동생인 예종에게 강권하였다.

이것은 세조의 유업을 이으려는 예종 세력과 세조의 왕권주의에 반대한 훈구 세력이 권력의 향배를 놓고 치열하게 대치하는 정국에서 남편의 죽음으로 권력의 일선에서 배제된 수빈 한씨가 훈구 세력을 업고 권력 일선에 복귀하려는 하나의 거사였다.

결국 예종 세력은 강력한 훈구 세력의 지원을 받는 수빈 한씨를 당할 도리가 없었기에 그녀의 주장대로 세조의 석실 능묘 축조가 이루어졌다.

인수대비에 대한 평가는 크게 엇갈리고 있다. 권력을 위해서라면 피도 눈물도 없었던 모사꾼이자 며느리 폐비 윤씨를 죽게 만든 잔인한 여성으로서, 중국의 측천무후 혹은 서태후 등과 비교되기도 한다.

반면에 지아비의 죽음에서 비롯된 수많은 좌절과 비애를 극복하고 끝내 자식을 왕위에 올리고 치세를 누리게 한 정열적인 왕모이자 뛰어난 정치가로 평가되기도 한다.

인수대비는 지적 능력을 바탕으로 1475년 중국식 여성 예절 체계를 조선화한 『내훈內訓』을 편찬하였다. 이를 통해 그녀는 조선 500년 여성상의 밑그림을 그려 오늘날에도 큰 교훈을 주고 있다.

1993년 4월 27일

소설가 황석영 구속

1993년 4월 27일 소설가 황석영이 국가보안법 위반 협의로 구속되었다.

황석영은 1989년 3월 북한 '조선문학예술총동맹'의 초청으로 평양을 방문하여 해외 본부 남측 대변인 자격으로 여러 차례 김일성 주석을 만났다.

그 후 귀국하지 않고 1991년 11월까지 독일에 체류하면서 북한 방문기 「사람이 살고 있었네」를 썼다.

1993년에 한국으로 돌아와 징역 7년을 선고받았으나 1998년 3월 석방되었다.

그는 주로 노동과 빈곤 등을 다루었으며 대표작으로는 『장길산』『삼포로 가는 길』『바리데기』『개밥바라기별』등이 있다.

—

2000년 4월 27일

헌법재판소, 과외 교육 금지 위헌 결정

—

2000년 4월 27일 헌법재판소는 '과외 교육 금지는 위헌'이라고 결정하였다.

과외 금지 조치는 1980년 7월 전두환을 중심으로 한 신군부가 단행한 교육 개혁 조치로, 이때부터 이른바 비밀 과외가 극성을 부리기 시작하였다.

그러나 재판부는 과외 교육 금지는 자녀 교육권 등 국민의 기본권을 필요 이상으로 과도하게 침해한 것이라며 위헌을 결정하였다. 이에 따라 1980년 7월 30일 이후 금지되었던 과외 교육이 사실상 전면 허용되었다.

4월의
모든 역사

4월 28일

■
■
■

1467년 4월 28일

원각사지 10층 석탑을 완성하다

원각사지 10층 석탑은 서울시 종로구 종로 2가 탑골 공원에 있는
석탑으로, 그 형태가 특이하고 장식이 풍부하여 조선 시대 최고의
걸작으로 손꼽힌다.

조선 세조 11년인 1465년에 건립된 원각사에 자리하고 있으며 전
체적인 형태나 세부 구조 등이 고려 시대의 경천사지 10층 석탑과
매우 흡사하다.

원각사는 연산군 때 폐사되어 현재는 이 탑과 비碑만 남아 있으며
탑 상층부의 명문銘文을 통해 세조 13년인 1467년에 만들어졌음을
확인할 수 있다.

　　1961년 처음 시판되어, 이제는 자취를 감춘 지 오래된 '파고다'라는 담배가 있었다. 그 담뱃갑 우측에 그려진 건물이 아주 인상적이었다. 그리고 서울 종로에 가면 '탑골' 공원이 있다. 그 공원의 옛 명칭은 '파고다' 공원이었다.

　　여기서 담배와 공원을 이어주는 '파고다_{pagoda}'는 무얼 의미하는 것일까. 얼핏 보면 우리말 같은 '파고다'는 '사찰의 탑'을 뜻하는 외국어이다. 이를 통해 '파고다'는 어떤 탑과 관련이 있음을 쉽사리 유추할 수 있다. 바로 조선 세조 때 만든 원각사지 10층 석탑이다.

　　조선은 성리학을 지배 이념으로 삼았기 때문에 불교에 대한 억압이 심하였다. 사찰들은 박해를 피해 시내에서 산속으로 들어가 산중 불교가 되었다. 그러나 세종과 세조는 국가의 시책과는 달리 불교에 매우 호의적이었다.

　　세조는 1453년 계유정난으로 왕위에 오르는 과정에서 어린 조카 단종을 비롯해 수많은 사람들을 죽인 바 있어 더욱 그러했다. 궁궐 안에 내불당을 두는가 하면 승려를 궁으로 불러들이기도 하였다. 불교 음악인 「영산회상곡」을 짓기도 하였는데 이는 우리 아악의 대작으로 평가받고 있다. 또한 간경도감을 두고 『법화경』 등 주요 경전을 우리말로 번역하여 간행하였다. 자신의 죄업을 조금이라도 덜어보려는 의지였다.

　　평소 불심이 깊었던 효령 대군은 1464년 4월에 회암사 동쪽 언덕에서 원각경을 설법할 때 부처가 나타났다고 세조에게 알렸다. 평소 원귀에 시달리고 피부병으로 고생하던 세조는 그 말을 듣고 더욱 부처에 의지하였다. 그는 대신들을 불러 흥복사의 옛 자리에 대규모 사찰을 건립케 하였다. 유교, 특히 성리학을 지배 이념으로 삼았던 조선에서 이것은 큰 사건이었다.

그러나 감히 그 누구도 세조의 명을 거역하지는 못하였다. 세조 때에는 워낙 왕권이 강했기 때문이다.

원각사가 들어설 자리에는 본디 고려 때부터 내려오던 흥복사가 있었는데 조선 건국 후 태조는 이를 수리하여 조계종의 본사로 삼았다. 그러나 태종 대의 억불 정책으로 흥복사는 폐지되고 궁중 음악을 담당하던 악학도감과 관습도감 같은 기구가 대신 들어섰다.

세조는 우선 이들 기구를 다른 곳으로 옮기고 군인 2,100명을 동원하여 근처의 가옥 200여 호를 철거하였다. 그리고 곧 조성도감이 만들어졌고 비로소 원각사의 창건이 시작되었다. 이 밖에도 종을 만들기 위해 전국에서 구리 5만 근을 거두는 등 많은 비용과 노동력을 들였다.

1465년에 원각사와 종이 완성되자 세조는 축하 잔치를 열어 노고를 치하하고 승려 2만 명에게 공양을 베풀었다. 하지만 아직 탑이 빠져 있었기에 세조는 서둘러 탑을 세우라고 명하였다.

그리하여 1467년 4월 28일 독특한 형식의 장식이 풍부한 원각사지 10층 석탑이 탄생하게 되었다. 사실 이 탑은 특이하긴 하지만 아주 새로운 형식은 아니었다. 이미 고려 시대에 경천사 10층 석탑이 비슷한 모습으로 선보인 바 있기 때문이다.

사실 원각사지 10층 석탑은 경천사 10층 석탑을 모방한 것이었다. 두 탑을 나란히 세워 놓으면 쌍둥이까지는 아니더라도 금방 형제임이 드러난다. 재질이 화강암이 아니라 대리석이라는 점도 똑같다. 이런 면에서 "창의성은 떨어질지 모르지만 다른 탑과 달리 아주 치밀하고 복잡한 구조물로 조형미가 뛰어나다."는 세간의 평가는 정확하다고 할 수 있다.

원각사지 10층 석탑은 높이만 해도 12m에 달한다. 기단은 면석과 갑석으로 이루어져 있으며 각층 면석에는 갖가지 모습들을 조각해 화사함의 극치를 이루었다. 또한 용, 사자, 목단, 연화문, 새와 짐승, 나무와 풀 등을 생생히 표현하였다.

탑신부의 면석에는 부처와 보살, 천인 등을 새겼는데 마치 찰흙 반죽을 갖고 작업한 듯 정교하기 이를 데 없다. 옥개석은 팔작지붕의 모습을 띠어 그 화려함을 더하고 있다.

원각사지 10층 석탑은 조각의 우수성과 전체적인 안정성이 잘 어우러져 조선 시대 최고의 탑으로 꼽힌다. 이 탑은 1962년 12월 20일 국보 제2호로 지정되었다.

—

1920년 4월 28일

영친왕, 도쿄에서 일본 황족과 혼인

—

1920년 4월 28일 조선의 마지막 황태자 영친왕이 일본 왕족 이궁梨宮의 장녀 방자方子와 일본 도쿄에서 결혼식을 올렸다.

영친왕 이은은 고종의 일곱째 아들이자 조선의 마지막 왕 순종의 이복동생이다. 1900년 영왕으로 봉해지고 1907년 황태자로 책봉되었다. 그러나 그해 말 이토 히로부미 조선 통감에 의해 유학이라는 명분으로 일본에 인질로 잡혀가 국권 상실과 함께 왕세제로 격하되었다.

그로부터 4년 후인 1911년 여름, 일본은 고종에게 영친왕이 일본에서 지내고 있는 모습을 사진으로 찍어 보냈는데, 그 필름에는 영친왕이 군사 훈련을 받으면서 주먹밥을 먹고 있는 모습도 있었다. 이를 본 어머니는 극심한 충격으로 급체를 일으켜 이틀 뒤 별세하였다.

방자 여사는 원래 일본 왕세자 히로히토의 비로 간택되었으나 임신 불능 판정을 받아 조선 왕실의 절손을 노린 일제에 의해 조선 왕족의 세자비로 선택되었다.

1926년 순종이 승하하자 영친왕은 이왕李王이라 불렸으나 그것은 명목일 뿐이었다. 그는 일본에서 철저한 일본식 교육을 받았으며 육군사관학교를 졸업한 후 육군 준장을 지냈다.

그러나 일본 왕족의 몰락과 더불어 왕족의 신분에서 강등되어 재일 한국인으로 등록되었다. 그 후 계속하여 고난의 세월을 보내다가 1963년 11월 56년 만에 고국으로 돌아왔다. 이후 장애인 재활 단체에서 자선 활동을 하였으나 뇌혈전증으로 1970년 5월 1일 사망하였다.

미망인 방자 여사는 창덕궁 낙선재를 지키면서 명휘원을 경영하였으며 영왕기념사업회, 자혜학교, 명혜학교 등을 건립하여 영친왕의 유업을 계승하였다.

1993년 4월 28일

천상병 시인 별세

천상병은 하루치의 막걸리와 담배만 있으면 스스로 행복하다고 서슴없이 외쳤던 시인이다.

그는 생전에 폭음과 무절제한 생활을 바탕으로 기이한 일화를 숱하게 뿌려 세인의 관심을 끌었다. 사람들은 그의 시 세계보다 생애에 더 많은 관심을 가졌으며, 사후에도 각종 언론 매체나 연극 등에서 꾸준히 회자되었다.

천상병은 1930년 일본 효고 현에서 태어나 광복 후 귀국하여 마산에서 성장하였다. 그는 마산중학교를 거쳐 서울대학교 상과대학에 진학했으나 시 쓰기에 골몰하다 4학년 때 대학을 중퇴하였다.

1967년 자신과는 아무 관련이 없는 동백림 사건에 연루되어 중앙정보부에 끌려가면서부터 그의 일생은 구겨지기 시작하였다. 천상병은 이 사건으로 세 차례나 모진 전기 고문을 당하다가 6개월 뒤 풀려났다.

이후 극심한 고문 후유증과 영양실조로 거리를 헤매는 행려병자가 되었다. 오랜 동안 그의 소재가 파악되지 않자 문단에서는 그가 사망한 것으로 파악하여 1971년 말 유고 시집 『새』를 발간하기도 하였다.

하지만 여전히 살아서 43세가 되도록 떠돌아다니던 천상병은 1972년 결혼하면서 비로소 안정을 찾았다. 그 뒤 왕성한 창작 활동을 하다가 1993년 4월 28일 지병으로 세상을 떠났다.

저서에는 『천상병은 천상 시인이다』『저승 가는 데도 여비가 든다면』『요놈 요놈 요이쁜 놈』 등의 시집과 『한낮의 별빛을 너는 보느냐』『괜찮다 괜찮다 다 괜찮다』 등의 산문집이 있다.

2000년 4월 28일

제1회 전주국제영화제 개막

2000년 4월 28일 제1회 전주국제영화제가 전라북도 전주시에서 개막되었다.

5월 4일까지 총 6일간 진행된 제1회 영화제에서는 영국과 미국을 비롯하여 러시아, 호주, 아시아 등 약 140여 편의 작품이 초청되었으며, 경쟁과 비경쟁 부문을 합쳐 총 173편의 영화가 상영되었다. 일본의 스와 노부히로 감독의 「마더」가 그랑프리인 우석상을 차지하며 폐막하였다.

이후 전주국제영화제는 '실험 영화' 전문 영화제로 자리매김하면서 대안적이고 혁신적인 영화들을 주로 소개하여 20~30대 젊은 영화팬들을 모으는 데 성공하였다는 평가를 받고 있다.

4월의
모든 역사

4월 29일

—

1932년 4월 29일

윤봉길, 상하이 훙커우 공원에서 폭탄을 투척하다

—

고향에 계신 부모 형제 동포여!

더 살고 싶은 것이 인정입니다.

그러나 죽음을 택해야 할 오직 한 번의 가장 좋은 기회를 포착했습니다.

나만 나 혼자만 잘 먹고 잘 살다 죽을 수도 있었습니다.

하지만 나는 나와 내 가족의 미래보다 조국을 선택했습니다.

백 년을 살기보다 조국의 영광을 지키는 기회를 택했습니다.

안녕히, 안녕히들 계십시오.

-윤봉길

1932년 4월 29일 이른 아침. 김구는 윤봉길과 같이 김해산의 집에서 고깃국으로 최후의 조찬을 나누었다. 불과 몇 시간 후면 죽을 사람, 그러나 윤봉길의 밥 먹는 모습은 너무도 담담하고 태연했다. 어느새 7시를 알리는 종이 울렸다. 윤봉길은 뭔가 생각났다는 듯 자신의 시계를 풀어 김구에게 건넸다.

"선서식 후에 6원을 주고 산 시계입니다. 선생님 시계는 2원짜리니 그걸 저에게 주십시오. 저는 이제 몇 시간밖에 소용이 없습니다."

김구는 고개를 끄덕이며 자신의 허름한 회중시계를 꺼내 주었다. 곧 윤봉길은 식장으로 떠나는 자동차에 오르더니 소지하고 있던 돈을 꺼내 또 김구에게 내밀었다. 차비를 계산하고도 5, 6원은 남는다는 것이었다. 곧 자동차가 움직이기 시작하였다.

"후일 지하에서 만나세."

김구의 목소리는 물기에 흠뻑 젖어 있었다.

이날 오전 11시 상하이에 있는 홍커우 공원은 수만 명의 인파가 몰려들어 북새통을 이루었다. 일왕의 생일인 천장절 및 상하이 전투 승리를 기념하는 경축식이 있었기 때문이다.

윤봉길은 말쑥한 옷차림을 하고 오른손에는 일장기를, 왼손에는 물통과 도시락으로 위장한 폭탄을 들고 식장에 입장했다. 행사장에는 일본군의 수뇌들과 각국 외교관, 그리고 내빈들이 주요 인사로 자리 잡았다.

윤봉길은 청중들 틈에 끼여 있다가 천천히 사열대로 다가갔다. 경축식의 첫 순서인 천장절 행사가 끝나자 외교관들과 내빈들은 모두 돌아갔다.

11시 50분, 나머지 행사도 모두 끝나고 드디어 마지막으로 일본의 국가인 기미가요가 흘러나왔다. 모든 참석자들이 꼿꼿이 선 자세로 군

악대 반주에 맞춰 노래를 부르기 시작했다. 그 순간 윤봉길은 폭탄의 안전핀을 뽑아 단상을 향해 힘껏 던졌다.

"콰쾅."

천지가 떠나갈 듯한 폭음이 울리며 단상 주위는 일대 아수라장이 되었다. 윤봉길이 남은 도시락을 집어 던지려고 하자 일본 헌병이 덮쳤다. 윤봉길은 팔과 다리가 제압되어 꼼짝할 수 없었지만 큰 소리로 외쳤다.

"일본 제국주의를 타도하자!"

"대한 독립 만세!"

폭탄이 터진 단상은 온통 피로 물들었다. 상하이 일본 거류민 단장인 가와바다 다사쓰구는 그날을 넘기지 못한 채 죽었고, 상하이 주둔 일본군 총사령관 시라카와 요시노리 대장은 중상을 입고 12차례에 걸쳐 복부 수술을 받았으나 20일 만에 죽었다. 제3함대 사령관 노무라 중장은 한쪽 시력을 잃었고 일본 공사 시게미쓰 마모루는 한쪽 다리를 자르게 되었다. 이 밖에도 제9사단장 우에다, 상하이 총영사 무라이, 거류민단 서기장 도모노 등이 크게 다쳤다.

윤봉길의 거사는 실로 상하이 일본 수뇌들을 섬멸한 대사건이었다. 이 때문에 일본은 중국 내륙으로의 진출을 단념하고 중국과 긴급히 정전 협정을 맺고 말았다. 윤봉길의 의거 소식은 곧바로 임시정부에 전달되었다. 이에 김구와 이동녕은 서로 부둥켜안고 한참 동안 감격의 눈물을 흘렸다.

이 소식은 세계 각국으로 빠르게 전달되었다. 특히 중국의 반응은 뜨거웠다. 이전까지만 해도 중국인들은 조선인들을 '망국노'라고 무시하기 일쑤였다. '만보산 사건' 같은 일본의 교묘한 이간질로 조선에 대한 중국인들의 감정이 그동안 상당히 악화되어 있었기 때문이다. 그러나 윤봉길의 의거로 이들은 조선인들에게 존경의 눈길을 보냈다.

이후 중국 정부도 한국의 독립운동에 관심을 갖고 임시정부를 전폭적으로 지원하기 시작하였다. 당시 장제스 총통은 "중국의 백만 군대도 이루지 못한 일을 조선의 청년 한 사람이 해냈으니 참으로 장하다."라며 감탄하였다.

윤봉길은 현장에서 일본 헌병에게 곧바로 체포되어 상하이 군법 회의에서 사형을 선고받고 오사카로 호송되었다. 다시 가나자와 형무소로 옮겨져 그 이튿날인 1932년 12월 19일 총살되었다. 당시 25세로 너무도 젊은 나이였지만 그 누구보다도 의로운 삶이었다. 그는 감옥에 있는 동안 모진 고문을 당하면서도 김구를 보호하기 위해 끝내 입을 열지 않았다.

윤봉길은 죽음이 예정된 길에 나서면서도 태극기 앞에서 수류탄과 권총을 든 모습을 사진으로 남겼다. 그 모습이 그렇게 의연할 수가 없다. 그가 거사 이틀 전인 4월 27일 두 아들에게 남긴 글은 우리를 더욱 숙연케 한다.

너희도 만일 피가 있고 뼈가 있다면 반드시 조선을 위하여 용감한 투사가 되어라. 태극의 깃발을 높이 드날리고 나의 빈 무덤 앞에 찾아와 한 잔 술을 부어 놓으라. 그리고 너희들은 아비 없음을 슬퍼하지 말아라.

1981년 4월 29일

언론중재위원회 업무 개시

언론중재위원회는 1981년 3월 31일 언론기본법에 의거하여 39명의
언론 중재 위원을 위촉하여 설립되었으며, 4월 29일부터 본격적으로 그
업무를 개시하였다.

언론중재위원회는 언론사와 피해자의 중간에 서서 잘못된 보도 내용
을 정정하도록 조정하고, 정기 간행물을 심의하여 필요시 해당 매체의
발행인에게 시정을 권고하는 것을 주 업무로 한다.

또한 선거 기간 동안에는 위원회 산하에 선거 기사 심의 위원회를 운
영하여 불공정 선거 보도에 대해 반론 및 정정 보도 또는 경고 조치를
취한다.

1997년 4월 29일

화약무기금지협약 가입

19세기 후반부터 세계 각국에서는 화학 무기의 사용을 금지하기 위
한 노력이 본격적으로 시작되었다. 1874년의 브랏셀 협약, 1899년과
1907년의 헤이그 협약 등이 그 일환이었으나 화약 무기의 사용은 계
속되었다. 또한 1925년 제1차 세계 대전이 종결된 후 제네바 의정서를
체결하였으나 화학 무기의 확산과 사용을 금지시키는 데에는 이르지
못하였다.

1980년대에 들어 화학 무기 금지 문제를 국제 연합UN에서 우선 협상 과제로 선정하여 비로소 논의가 이루어졌다.

1991년 미국이 화학 무기 폐기를 일방적으로 선언함으로써 협상은 급속히 진전되었다. 1992년 12월 UN 총회에서 화학무기금지협약이 의결되어 이듬해 1월 프랑스 파리에서 서명식이 거행되었다.

우리나라는 1997년 4월 29일 이 협약에 가입하여 화약 무기의 확산과 사용 금지에 동참하고 있다.

—

1961년 4월 29일

우리나라 첫 비료 공장, 충주에 설립

—

1960년대 우리나라는 1억 달러 정도를 비료 수입에 지출할 만큼 비료의 수입 의존도가 높았다. 이 때문에 국가가 직접 나서서 비료 공장을 추진하게 되었다.

마침내 1961년 4월 29일 정부 수립 이후 첫 비료 공장이 충주에 탄생하였다. 충주 비료 공장은 그 규모와 시설 부문에서 세계적인 수준을 자랑할 만큼 당시 국내외의 큰 관심과 주목을 받았다. 공장 설립 이후 매일 수백 명의 산업 시찰 관광객들이 찾아와 대표 산업체로 자리매김하게 되었다. 충주 비료 공장은 우리의 손으로 만든 첫 번째 화학 비료 공장이라는 점에서 그 의의가 있다.

그러나 1977년 동양 최대 규모로 전라남도 여천시에 남해 화학(제7 비료 공장)이 건설되면서 1983년에 충주 제1 비료 공장, 호남 제2 비료 공장 등이 생산을 중단하고 말았다.

4월의
모든 역사

4월 30일

1692년 4월 30일

조선의 문신 김만중이 사망하다

오늘날 우리나라의 시문을 쓰는 사람은 대부분 자기 나라의 말을
두고 남의 나라 말을 쓰는 데 급급하니 이는 곧 의미는 비슷하다
하여도 앵무새가 사람의 말을 흉내 내는 것과 다르지 않다.

시골에서 땔나무를 하는 초동들이나 물을 긷는 여자들이 소박한
언어로 기쁨과 슬픔을 나누는 노래가 설사 통속적이어도 과연 어
느 쪽이 진실하며 어느 쪽이 허위인지를 논한다면 저들의 노래는
사대부의 시부와 동일한 차원에서 논할 수 없는 진실성을 가지고
있다 할 수 있다.

-김만중,『서포만필』

「구운몽」의 저자로 널리 알려진 김만중의 생애는 파란만장하다. 출생부터가 예사롭지 않았다. 그의 집안은 세상이 알아주던 명문으로 예학의 대가이던 김장생이 그 증조부이다.

그런데 아버지 김익겸은 병자호란 때 청나라의 침략으로 강화도가 함락되자 김상용과 함께 자결하였다. 그의 어머니는 다섯 살 난 아들과 간신히 강화도를 빠져나왔는데 이때 김만중은 어머니의 뱃속에 있었다. 이 섬 저 섬으로 전전하던 어머니는 전란이 끝난 뒤 친정에 돌아와 김만중을 낳았다.

그의 어머니 윤씨는 자식에 대한 교육열이 남달랐다. 마치 맹자의 어머니가 조선에 부활한 듯하였다. 소학이나 사략 등 고전의 기초들은 그녀가 직접 가르쳤다. 김만중의 어머니는 자식들에게 필요한 책이라면 어떻게 해서라도 마련해 주었다.

어느 때에는 이웃에 사는 홍문관 서리를 통해 책을 빌려와 직접 베껴 주는 일도 있었다. 이런 어머니의 노력이 헛되지 않아 두 아들은 모두 과거에 급제하였다.

김만중은 1665년에 장원으로 급제하여 성균관 전적부터 시작하여 10여 년 동안은 순풍에 돛을 달았으나 왕대비였던 인선대비의 죽음으로 역풍을 맞았다. 당시 서인이었던 김만중은 상복을 입는 문제로 제2차 예송 논쟁이 일어나자 남인과 대립하다가 실각하게 된 것이었다.

그 후 숙종 때 서인들이 다시 정권을 잡자 1679년 예조 참의로 등용되고 이어 공조 판서를 거쳐 대사헌으로 승진하였다. 하지만 고관들을 비난하다가 다시 관직을 잃었다. 또다시 1686년 대제학으로 임명되었지만 그 이듬해 김창협이 장희빈을 비난한 사건과 연관되어 선천에 유배되었다.

1689년 2월 세자의 책봉을 반대하여 발생한 소위 기사환국으로 남해안의 노도라는 작은 섬에 유배되었다. 이미 큰아들을 잃은 데다 남은 아들마저 유배당하자 어머니의 상심은 이루 말할 수 없었다. 결국 그녀는 아들의 안위만을 걱정하다가 그해 가을 세상을 떠났다.

그러나 김만중은 1년이 지나서야 그 소식을 들었다. 그에게 어머니는 평생 마음의 등불이나 마찬가지였다. 그 등불이 꺼지자 한꺼번에 맥이 풀렸고 그의 심신은 급속도로 쇠약해져 갔다. 거기에다 남해의 풍토병도 가세하였다.

1692년 3월 집으로 보낸 답서에 "몸의 여러 증상으로 보아 진실로 계속 지탱할 도리가 없고 함께 밀려난 사람들도 죽고 거의 없으니 인생은 참으로 한바탕 꿈이요. 지난 가을 자리를 함께 한 일이 더욱 마음에 잊히지 않습니다."라고 적었다. 이미 스스로 일어나지 못할 것을 짐작하고 있었던 것이었다.

4월에 들어서자 병세는 더욱 악화되었고 그 옆에서 약물을 건네자 "내 병이 어찌 약을 쓸 병이겠느냐."라고 물리치더니 끝내 1692년 4월 30일에 눈을 감았다. 그는 섬에서 인생을 시작하여 섬에서 마무리한 셈이다.

저서에는 『구운몽九雲夢』『서포만필西浦漫筆』『서포집西浦集』등이 있다.

1592년 4월 30일

임진왜란으로 선조 피난

1592년 조선에 임진왜란이 발발하였다. 4월 14일 일본군이 세 갈래로 나누어 거침없이 한양으로 진격해 들어오자 4월 30일 선조는 마침내 한양을 떠나 개성으로 피난하였다.

선조는 두 왕자 임해군과 순화군을 함경도와 강원도에 보내어 근왕병을 모집하게 하였고 명나라에 사신을 보내 구원을 요청하였다.

제1군인 고니시 유키나가 군대는 5월 2일 한양을 함락시켰다. 조선에 첫 발을 디딘 지 18여 일 만에 수도 한양을 점령한 것이다. 이들은 다시 2군으로 나누어 기세를 몰아 북으로 진격하였다. 이에 선조는 다시 의주로 피난길을 떠났다. 고니시 유키나가는 평양을 점령했으며 가토 기요마사는 회령에서 두 왕자를 붙잡고 함경도 일대를 정복하였다.

선조의 피난길은 각지에서 거세게 일어난 의병들과 명나라 이여송의 4만 군대가 합세하여 1593년 평양을 탈환함으로써 끝이 났다.

* 1592년 4월 14일 '임진왜란이 시작되다' 참조

1950년 4월 30일

연극 「원술랑」 공연

유치진 극작, 허석 연출의 연극 「원술랑」이 1950년 4월 30일 국립중앙극장 개관 기념작으로 처음 무대에 올려졌다.

국립중앙극장이 아시아 최초로 하루 전인 4월 29일 개관하였고, 이날 개관 기념작으로 「원술랑」이 공연된 것이다.

당시 국립중앙극장의 무대는 좌석의 수만 1,997개를 가진 초대형 극장이었다.

「원술랑」은 개관 일주일 동안 5만 명이나 관람하는 성황을 이루었지만 6월 초 2회 공연에 이어 3회를 준비하던 중 6·25 전쟁이 발발하여 중단되었다.

4월의 모든 역사_한국사

초판 1쇄 인쇄 2012년 4월 1일
초판 1쇄 발행 2012년 4월 5일

지은이 이종하

펴낸이 김연홍
펴낸곳 디오네

출판등록 2004년 3월 18일 제313-2004-00071호
주소 121-865 서울시 마포구 연남동 224-57
전화 02-334-7147 **팩스** 02-334-2068
주문처 아라크네 02-334-3887

ISBN 978-89-92449-86-1 03900